Francesco Petrarca

Ich bin im Sommer Eis, im Winter Feuer

Gedichte

Zweisprachige Ausgabe

Ausgewählt und übersetzt von
Karlheinz Stierle

W0411852

Deutscher Taschenbuch Verlag

Der italienische Text folgt
der Ausgabe des ›Canzoniere‹ von
Gianfranco Contini, Turin 1964.

Von Karlheinz Stierle
ist im Deutschen Taschenbuch Verlag erschienen:
Der Mythos von Paris (30669)

Originalausgabe
Juni 2004
Deutscher Taschenbuch Verlag GmbH & Co. KG,
München
www.dtv.de
© 2004 Deutscher Taschenbuch Verlag, München
Umschlagkonzept: Balk & Brumshagen
Umschlagbild: ›Petrarca: I trionfi‹ von S. Samek-Ludovici
(mit freundlicher Genehmigung der
Ruprecht-Karls-Universitätsbibliothek, Heidelberg)
Gesetzt aus der Bembo 10/12˙
Satz: Greiner & Reichel, Köln
Druck und Bindung: Druckerei C. H. Beck, Nördlingen
Gedruckt auf säurefreiem, chlorfrei gebleichtem Papier
Printed in Germany · ISBN 3-423-13257-4

Inhalt

I. Teil

Gedichte an Madonna Laura in vita

Voi ch'ascoltate in rime sparse il suono
di quei sospiri ond'io nudriva 'l core
in sul mio primo giovenile errore
quand'era in parte altr'uom da quel ch'i' sono,

del vario stile in ch'io piango et ragiono
fra le vane speranze e 'l van dolore,
ove sia chi per prova intenda amore,
spero trovar pietà, nonché perdono.

Ma ben veggio or sí come al popol tutto
favola fui gran tempo, onde sovente
di me medesmo meco mi vergogno;

et del mio vaneggiar vergogna è 'l frutto,
e 'l pentersi, e 'l conoscer chiaramente
che quanto piace al mondo è breve sogno.

(I)

Ihr, die ihr in verstreuten Versen hört
die Seufzer, daran sich mein Herz ernährte,
also noch mein jugendlicher Irrtum währte,
der einst dies fremd gewordne Herz betört,

für so viel Klagen, Hin- und Widerdenken,
inmitten leerer Leiden, hohlem Hoffen,
wo einer ist, den Amors Blick getroffen,
wird man mir Mitleid oder Nachsicht schenken.

Nun seh ich, wie ich ins Gerede kam,
ich war der Leute Spott so manches Jahr
und muß jetzt schamvoll meiner inne sein.

Ja, meiner Gaukelspiele Frucht ist Scham
und Reue, ach, nun ist mir offenbar:
was sich die Welt ersehnt, ist Traum und Schein.

(1)

Era il giorno ch'al sol si scoloraro
per la pietà del suo factore i rai,
quando i' fui preso, et non me ne guardai,
ché i be' vostr'occhi, donna, mi legaro.

Tempo non mi parea da far riparo
contra colpi d'Amor: però m'andai
secur, senza sospetto; onde i miei guai
nel commune dolor s'incominciaro.

Trovommi Amor del tutto disarmato
et aperta la via per gli occhi al core,
che di lagrime son fatti uscio et varco:

però al mio parer non li fu honore
ferir me de saetta in quello stato,
a voi armata non mostrar pur l'arco.

(III)

Es war der Tag, als bleich die Sonne stand,
um jenen trauernd, der sie einst gemacht,
als mich gefangennahm, ich gab nicht acht,
ein Blick, der mich für immer an euch band.

Es schien mir keine Zeit, mich vorzusehen
vor Amors Schlägen, ganz in Sicherheit
ging ich und ahnungslos, so mußt' mein Leid
in Schmerz und Trauer dieser Welt entstehen.

Mich brachte Amor leicht in seine Macht,
er konnte unbemerkt ins Herz mir dringen,
durch diese Augen, jetzt ein Tränentor,

doch konnte dies ihm keine Ehre bringen,
daß er mich waffenlos zu Fall gebracht,
vor euch in Waffen gleich den Mut verlor.

(3)

* *Karfreitag*: 6. April 1327

Lassare il velo o per sole o per ombra,
donna, non vi vid'io
poi che in me conosceste il gran desio
ch'ogni altra voglia d'entr'al cor mi sgombra.

Mentr'io portava i be' pensier' celati,
ch'ànno la mente desïando morta,
vidivi di pietate ornare il volto;
ma poi ch'Amor di me vi fece accorta,
fuor i biondi capelli allor velati,
et l'amoroso sguardo in sé raccolto.
Quel ch'i' piú desïava in voi m'è tolto:
sí mi governa il velo
che per mia morte, et al caldo et al gielo,
de' be' vostr'occhi il dolce lume adombra.

(XI)

Daß ihr einmal nicht euren Schleier tragt,
das, Herrin, sah ich nicht,
seit ihr erkannt auf meinem Angesicht
den Wunsch, der alle anderen mir verjagt.

Als noch mein Sehnen tief in mir versteckt,
durch das mein Geist mir dann wie leblos ward,
sah ich, wie Mitleid euer Herz beschwert;
doch seit mich Amor vor euch offenbart,
der Schleier euer blondes Haar bedeckt,
die reizend schönen Blicke in sich kehrt.
Verloren ist mir, was ich so begehrt;
so groß des Schleiers Macht,
daß er in Frost und Glut mir Tod gebracht,
weil er mir euer Augenlicht versagt.

(11)

Se la mia vita da l'aspro tormento
si può tanto schermire, et dagli affanni,
ch'i' veggia per vertú degli ultimi anni,
donna, de' be' vostr'occhi il lume spento,

e i cape' d'oro fin farsi d'argento,
et lassar le ghirlande e i verdi panni,
e 'l viso scolorir che ne' miei danni
a·llamentar mi fa pauroso et lento:

pur mi darà tanta baldanza Amore
ch'i' vi discovrirò de' mei martiri
qua' sono stati gli anni, e i giorni et l'ore;

et se 'l tempo è contrario ai be' desiri,
non fia ch'almen non giunga al mio dolore
alcun soccorso di tardi sospiri.

(XII)

Wenn nicht in hartem Schmerz mein Leben bricht
und sich in so viel Trauer kann bewahren,
daß ich noch seh in meinen letzten Jahren
aus euren Augen das erloschne Licht,

das goldne Haar verblaßt zu Silber sacht,
die Kränze abgelegt, das grüne Kleid,
das Antlitz farblos, das zu meinem Leid
mein Klagen ängstlich und verschwiegen macht,

wird einmal sich erkühnen mein Verlangen
und euch enthüllen meinen innern Streit,
drin Jahre, Tage, Stunden mir vergangen,

und wenn dem schönen Feuer wehrt die Zeit,
soll doch mein Schmerz von euch einmal empfangen
ein wenig Trost der späten Zärtlichkeit.

(12)

Movesi il vecchierel canuto et biancho
del dolce loco ov'à sua età fornita
et da la famigliuola sbigottita
che vede il caro padre venir manco;

indi trahendo poi l'antiquo fianco
per l'extreme giornate di sua vita,
quanto piú pò, col buon voler s'aita,
rotto dagli anni, et dal camino stanco;

et viene a Roma, seguendo 'l desio,
per mirar la sembianza di colui
ch'ancor lassú nel ciel vedere spera:

cosí, lasso, talor vo cerchand'io,
donna, quanto è possibile, in altrui
la disïata vostra forma vera.

(XVI)

Der Alte mit dem weißen Haar will gehn,
er reißt sich los vom altvertrauten Ort,
von Weib und Kind und Enkel geht er fort,
die weinend seinen Tod vor Augen sehn.

Dann trägt er sich, des alten Leibes Gast,
in seine allerletzten Lebenstage,
dem Willen folgsam noch bei aller Plage,
müd von der Jahre und des Weges Last.

Und kommt nach Rom, an seiner Sehnsucht Ziel,
um dort im heilgen Bild den zu erschauen,
vor dem im Himmel er zu stehn begehrt.

So geh auch ich umher und sehe viel
und suche, Herrin, unter allen Frauen
das eine Urbild, das ihr mir verwehrt.

(16)

Nel dolce tempo de la prima etade,
che nascer vide et anchor quasi in herba
la fera voglia che per mio mal crebbe,
perché cantando il duol si disacerba,
canterò com'io vissi in libertade,
mentre Amor nel mio albergo a sdegno s'ebbe.
Poi seguirò sí come a lui ne 'ncrebbe
troppo altamente, e che di ciò m'avenne,
di ch'io son facto a molta gente exempio:
benché 'l mio duro scempio
sia scripto altrove, sí che mille penne
ne son già stanche, et quasi in ogni valle
rimbombi il suon de' miei gravi sospiri,
ch'aquistan fede a la penosa vita.
E se qui la memoria non m'aita
come suol fare, iscúsilla i martiri,
et un penser che solo angoscia dàlle,
tal ch'ad ogni altro fa voltar le spalle,
e mi face oblïar me stesso a forza:
ché tèn di me quel d'entro, et io la scorza.

I' dico che dal dí che 'l primo assalto
mi diede Amor, molt'anni eran passati,
sí ch'io cangiava il giovenil aspetto;
e d'intorno al mio cor pensier' gelati
facto avean quasi adamantino smalto
ch'allentar non lassava il duro affetto.

Zur süßen Zeit, in meinem ersten Stand,
als mir, wie Gras frisch aus der Erde stößt,
der Wille wuchs, der bald schon ohne Maß,
weil singend sich vom Schmerz das Bittre löst,
sing ich, wie mich noch keine Fessel band,
umsonst noch Amor auf der Schwelle saß,
dann, wie er in mir solche Kraft besaß,
daß er zu hoch stieg, und was darauf kam,
wie mein Geschick zum Beispiel mich gemacht
und meines Unglücks Nacht
ich niederschrieb und tausend Federn nahm,
die schon verbraucht, und sich mein Klagen schwingt
in alle Täler und dort widerhallt,
so Zeugnis gebend für mein schweres Leben.
Will mir Erinnrung keine Hilfe geben
wie sonst, so hat die Schuld des Leids Gewalt
und ein Gedanke, der nur Angst mir bringt,
daß jeden andern er zur Rückkehr zwingt.
Der will mein Selbst mir ins Vergessen treiben,
ihm soll mein Innres, mir die Hülle bleiben.

Ich sage, daß, seit mich zuerst berannt
Gott Amor, viele Jahre mir vergingen,
so daß sich wandelte mein junges Leben
und von Gedanken, die mich kalt umfingen,
ein Panzer mir erwuchs wie Diamant,
der nicht erweichen ließ mein hartes Streben,

Lagrima anchor non mi bagnava il petto
né rompea il sonno, et quel che in me non era,
mi pareva un miracolo in altrui.
Lasso, che son! che fui!
La vita el fin, e 'l dí loda la sera.
Ché sentendo il crudel di ch'io ragiono
infin allor percossa di suo strale
non essermi passato oltra la gonna,
prese in sua scorta una possente donna,
ver' cui poco già mai mi valse o vale
ingegno, o forza, o dimandar perdono;
e i duo mi trasformaro in quel ch'i' sono,
facendomi d'uom vivo un lauro verde,
che per fredda stagion foglia non perde.

Qual mi fec'io quando primer m'accorsi
de la trasfigurata mia persona,
e i capei vidi far di quella fronde
di che sperato avea già lor corona,
e i piedi in ch'io mi stetti, et mossi, et corsi,
com'ogni membro a l'anima risponde,
diventar due radici sovra l'onde
non di Peneo, ma d'un piú altero fiume,
e 'n duo rami mutarsi ambe le braccia!
Né meno anchor m'agghiaccia
l'esser coverto poi di bianche piume
allor che folminato et morto giacque
il mio sperar che tropp'alto montava:

noch keine Träne ließ die Brust erbeben,
den Traum zerbrechen; was ich nie erprobt,
schien mir bei allen andern sonderbar.
Nicht bin ich, der ich war.
Den Tag der Abend, Tod das Leben lobt.
Denn da der Feind, von dem mein Dichten spricht,
spürt', daß er bisher nur mit seinem Pfeil
durchbohrt mir kaum erst hatte das Gewand,
zuletzt die Hilfe einer Frau er fand,
bei der mir nichts gelingt zu meinem Heil,
Geist, Kraft und Bitten um Vergebung nicht.
Sie raubten die Gestalt mir, das Gesicht.
Zum Lorbeer wurd' ich, der im Winter friert
und doch zur kalten Zeit kein Blatt verliert.

Wie war mir, als ich mich zuerst erkannte
in meiner so verwandelten Person,
da, wo das Haar sonst, grünes Laub nun sprießt,
von dem ich einst erhofft den höchsten Lohn,
die Füße, drauf ich stand und ging und rannte,
wie jedes Glied tut, was die Seel' beschließt,
zwei Wurzeln wurden, wo das Wasser fließt,
nicht der Peneus, nein, ein schönrer Fluß;
die Arme mir als Zweige jetzt verharren.
Noch mehr muß ich erstarren,
da ich nun weiße Federn tragen muß,
seit mir erschlagen von des Höchsten Hand
mein Hoffen, das zu hohen Flug gemacht.

ché perch'io non sapea dove né quando
me 'l ritrovasse, solo lagrimando
là 've tolto mi fu, dí e nocte andava,
ricercando dallato, et dentro a l'acque;
et già mai poi la mia lingua non tacque
mentre poteo del suo cader maligno:
ond'io presi col suon color d'un cigno.

Cosí lungo l'amate rive andai,
che volendo parlar, cantava sempre
mercé chiamando con estrania voce;
né mai in sí dolci o in sí soavi tempre
risonar seppi gli amorosi guai,
che 'l cor s'umilïasse aspro et feroce.
Qual fu a sentir? ché 'l ricordar mi coce:
ma molto piú di quel, che per inanzi
de la dolce et acerba mia nemica
è bisogno ch'io dica,
benché sia tal ch'ogni parlare avanzi.
Questa che col mirar gli animi fura,
m'aperse il petto, e 'l cor prese con mano,
dicendo a me: Di ciò non far parola.
Poi la rividi in altro habito sola,
tal ch'i' non la conobbi, oh senso humano,
anzi le dissi 'l ver pien di paura;
ed ella ne 'l usata sua figura
tosto tornando, fecemi, oimè lasso,
d'un quasi vivo et sbigottito sasso.

Weil ich nicht wußte wann, an welchem Ort
es wiederfinden, ging ich trauernd fort,
wo es geraubt mir worden, Tag und Nacht
im Wasser suchend und an seinem Rand,
und niemals meine Stimme Ruhe fand,
vom schlimmen Ende singend meines Wahns,
so nahm ich Farb und Stimme an des Schwans.

An dem Gestade hin ging so mein Leben,
daß, wenn ich sprechen wollte, ich nur sang,
der Kehle fremder, sanfter Ton entquillt,
um Gnade flehend, nie so süßen Klang
wußt' ich doch meinem Liebesleid zu geben,
daß sich ihr Herz erweichte rauh und wild.
Wie mir geschah? O der Erinnerung Bild!
Doch mehr noch, was mir bald die Zukunft bringt
von einer Feindin, die mich lockt und quält,
sei jetzt von mir erzählt,
obwohl sie immer mich zum Schweigen zwingt.
Sie, deren Blick die Seele mir beschwört,
nahm aus der Brust das Herz mir mit der Hand
und sagte mir: Kein Wort von deinem Leid.
Dann sah ich sie allein in neuem Kleid,
sie schien mir fremd, oh, menschlicher Verstand!
So sagt' ich ihr die Wahrheit, tief verstört,
und sie, in die Gestalt, die ihr gehört,
zurückgekehrt, macht' mich, o könnt ich schrein,
zu einem lebenden, entsetzten Stein.

Ella parlava sí turbata in vista,
che tremar mi fea dentro a quella petra,
udendo: I' non son forse chi tu credi.
E dicea meco: Se costei mi spetra,
nulla vita mi fia noiosa o trista;
a farmi lagrimar, signor mio, riedi.
Come non so: pur io mossi indi i piedi,
non altrui incolpando che me stesso,
mezzo tutto quel dí tra vivo et morto.
Ma perché 'l tempo è corto,
la penna al buon voler non pò gir presso:
onde piú cose ne la mente scritte
vo trapassando, et sol d'alcune parlo
che meraviglia fanno a chi l'ascolta.
Morte mi s'era intorno al cor avolta,
né tacendo potea di sua man trarlo,
o dar soccorso a le vertuti afflitte;
le vive voci m'erano interditte;
ond'io gridai con carta et con incostro:
Non son mio, no. S'io moro, il danno è vostro.

Ben mi credea dinanzi agli occhi suoi
d'indegno far cosí di mercé degno,
et questa spene m'avea fatto ardito:
ma talora humiltà spegne disdegno,
talor l'enfiamma; et ciò sepp'io da poi,
lunga stagion di tenebre vestito:

Sie sprach zu mir mit Zügen so entstellt,
daß sie im Stein mein Herz erzittern ließ:
Ich bin vielleicht nicht die, die du gesehen.
Und ich zu mir: Entrinn ich dem Verlies,
das ärmste, schwerste Leben mir gefällt.
Laß, daß ich wieder weine, Herr, geschehen.
Wie, weiß ich nicht, doch konnt' ich wieder gehen,
niemand als nur mich selber anzuklagen.
Den ganzen Tag lebt' ich so todesbang,
doch weil die Zeit nicht lang,
kann mit dem Willen nicht die Feder jagen,
weshalb ich vieles, was im Geist ich schrieb,
verstieß, um wenig nur im Reim zu binden,
das dem, der mich vernimmt, wie Wunder klingt.
Vom Tod war mir schon ganz mein Herz umringt,
doch konnt' ich schweigend es ihm nicht entwinden
noch helfen dem erloschnen Lebenstrieb.
Die eigne Stimme mir verboten blieb,
weshalb ich schrie mit Tinte und Papier:
Ich bin euch eigen, sterb ich, leidet ihr.

Vor ihren Augen glaubt' ich allzusehr,
unwürdig nicht mehr, Mitleid nun zu finden,
und diese Hoffnung setzte mich in Brand;
doch kann den Stolz die Demut überwinden,
so auch entflammen. Dies lernt' ich seither,
als lange Zeit mich Dunkelheit umwand,

ch'a quei preghi il mio lume era sparito.
Ed io non ritrovando intorno intorno
ombra di lei, né pur de' suoi piedi orma,
come huom che tra via dorma,
gittaimi stancho sovra l'erba un giorno.
Ivi accusando il fugitivo raggio,
a le lagrime triste allargai 'l freno,
et lasciaile cader come a lor parve;
né già mai neve sotto al sol disparve
com'io sentí' me tutto venir meno,
et farmi una fontana a pie' d'un faggio.
Gran tempo humido tenni quel vïaggio.
Chi udí mai d'uom vero nascer fonte?
E parlo cose manifeste et conte.

L'alma ch'è sol da Dio facta gentile,
ché già d'altrui non pò venir tal gratia,
simile al suo factor stato ritene:
però di perdonar mai non è sacia
a chi col core et col sembiante humile
dopo quantunque offese a mercé vène.
Et se contra suo stile ella sostene
d'esser molto pregata, in Lui si specchia,
et fal perché 'l peccar piú si pavente:
ché non ben si ripente
de l'un mal chi de l'altro s'apparecchia.
Poi che madonna da pietà commossa
degnò mirarme, et ricognovve et vide

weil auf dies Bitten mir mein Licht verschwand
und mich, der nirgend-nirgendwo den Schatten
von ihr noch ihre Fußspur konnte sehen,
als würd' ich schlafend gehen,
ins Gras einst warf ein plötzliches Ermatten.
Dort klagt' ich an des Strahles flücht'ge Helle
und gab den Tränenfluten freien Lauf.
Nichts ihrem Fallen, ihrem Fließen wehrt,
und wie den Schnee das helle Licht verzehrt,
fühlt' ich, es löste sich mein Wesen auf:
Am Fuß der Buche wurde ich zur Quelle,
so weilt' ich weinend lang auf dieser Stelle.
Sah je man einen solchen Quell entspringen?
Und dennoch red ich von bekannten Dingen.

Die Seele, die sich zu vergeben freut
- so große Gnade kann nur Gott verleihen –,
ist darin ihrem Schöpfer gleichgesetzt,
daß sie nicht müde wird, dem zu verzeihen,
der seine Tat mit Herz und Blick bereut
und Gnad erfleht bei dem, den er verletzt,
und wenn sie wider ihren Willen jetzt
dem Bitten widersteht, sie in sich schaut
und tut's, damit der Schreck den Sünder lehrt,
denn was ist Reue wert
des Bösen, wenn sich's neu zusammenbraut.
Als sie voll Mitleid dann mit meiner Pein
sich zu mir wandte, um mich zu beschauen,

gir di pari la pena col peccato,
benigna mi redusse al primo stato.
Ma nulla à 'l mondo in ch'uom saggio si fide:
ch'ancor poi ripregando, i nervi et l'ossa
mi volse in dura selce; et cosí scossa
voce rimasi de l'antiche some,
chiamando Morte, et lei sola per nome.

Spirto doglioso errante (mi rimembra)
per spelunche deserte et pellegrine,
piansi molt'anni il mio sfrenato ardire:
et anchor poi trovai di quel mal fine,
et ritornai ne le terrene membra,
credo per piú dolore ivi sentire.
I' seguí' tanto avanti il mio desire
ch'un dí cacciando sí com'io solea
mi mossi; e quella fera bella et cruda
in una fonte ignuda
si stava, quando 'l sol piú forte ardea.
Io, perché d'altra vista non m'appago,
stetti a mirarla: ond'ella ebbe vergogna;
et per farne vendetta, o per celarse,
l'acqua nel viso co le man' mi sparse.
Vero dirò (forse e' parrà menzogna)
ch'i' sentí' trarmi de la propria imago,
et in un cervo solitario et vago
di selva in selva ratto mi trasformo:
et anchor de' miei can' fuggo lo stormo.

sah sie die Strafe gleich mit dem Vergehen
und machte die Verwandlung ungeschehen.
Doch soll der Weise dieser Welt nicht trauen.
Denn als ich wieder fehlte, Nerv und Bein
bannt' sie erneut mir in den harten Stein.
Die Stimme löst' sich, als der Leib mir schlief
und nur den Tod und sie beim Namen rief.

Ich seh noch, wie ich klagend, irrend ging,
ein Geist, durch Höhlen leer und wundersam,
jahrlang betrauernd, daß ich sie begehrt,
und nochmals meine Qual ein Ende nahm,
die alte Hülle wieder mich umfing,
doch hat dies, glaub ich, nur den Schmerz vermehrt.
Ich folgte so der Lust, die mich verzehrt,
daß eines Tags, wie oft, zur Jagd ich sprengte
und jenes Wild, so schön und gnadenlos,
in einer Quelle bloß
und nackt sie stand, als hoch die Sonne sengte.
Ich, weil kein Anblick sonst mein Sehnen stillt,
stand schauend still, doch sie, von Scham erfaßt,
und sei's aus Rache, sei's, daß Schutz sie fand,
spritzt' ins Gesicht mir Wasser mit der Hand.
Wahr ist's, wenn man mich auch als Lügner haßt,
daß ich beraubt mich fühlt' des eignen Bildes,
und eines einsamen und edlen Wildes
wird zwischen Wald und Wald mir Form und Mut,
so flieh ich seither meiner Hunde Wut.

Canzon, i' non fu' mai quel nuvol d'oro
che poi discese in pretïosa pioggia,
sí che 'l foco di Giove in parte spense;
ma fui ben fiamma ch'un bel guardo accense,
et fui l'uccel che piú per l'aere poggia,
alzando lei che ne' miei detti honoro:
né per nova figura il primo alloro
seppi lassar, ché pur la sua dolce ombra
ogni men bel piacer del cor mi sgombra.

(XXIII)

Lied, nie zu dem Gewölk ward ich vermehrt
aus Gold, das dann als reicher Regen fiel,
so daß Jupiters Feuer Kühlung fand,
nein, Flamme, die am schönen Blick entbrannt
und Vogel war ich mit dem höchsten Ziel,
die zu erheben, die mein Singen ehrt.
Nicht war der erste Lorbeer mir verwehrt
durch neue Formen, dessen süße Nacht
mir jede andre Freude bitter macht.

(23)

Apollo, s'anchor vive il bel desio
che t'infiammava a le thesaliche onde,
et se non ài l'amate chiome bionde,
volgendo gli anni, già poste in oblio:

dal pigro gielo et dal tempo aspro et rio,
che dura quanto 'l tuo viso s'asconde,
difendi or l'onorata et sacra fronde,
ove tu prima, et poi fu' invescato io;

et per vertú de l'amorosa speme,
che ti sostenne ne la vita acerba,
di queste impressïon' l'aere disgombra;

sí vedrem poi per meraviglia inseme
seder la donna nostra sopra l'erba,
et far de le sue braccia a se stessa ombra.

(XXXIV)

Apoll, wenn noch in dir der schöne Brand,
der dich entflammte an thessal'scher Quelle,
wenn des geliebten goldnen Haares Helle
nicht mit den Jahren deinem Sinn entschwand,

nach dunkler Zeit und trägen Eises Schlaf,
der dauert, wenn dein Blick sich von uns wendet,
sei nun dem heilgen Laub dein Schutz gespendet,
wo dich zuerst, dann mich der Zauber traf.

Und durch des Hoffens liebende Gewalt,
die dich erhielt in deines Hierseins Pein,
befrei die Luft von Nebel und von Nacht,

so wird als Wunder dann uns die Gestalt
der Herrin hier im Grün vor Augen sein,
die mit den Armen selbst sich Schatten macht.

(34)

Solo et pensoso i piú deserti campi
vo mesurando a passi tardi et lenti,
et gli occhi porto per fuggire intenti
ove vestigio human l'arena stampi.

Altro schermo non trovo che mi scampi
dal manifesto accorger de le genti,
perché negli atti d'alegrezza spenti
di fuor si legge com'io dentro avampi:

sí ch'io mi credo omai che monti et piagge
et fiumi et selve sappian di che tempre
sia la mia vita, ch'è celata altrui.

Ma pur sí aspre vie né sí selvagge
cercar non so ch'Amor non venga sempre
ragionando con meco, et io co·llui.

(xxxv)

Allein, in mich versenkt, durch ödes Land
die Schritte messend, geh ich langsam hin
und richte meinen fluchtbereiten Sinn
auf jede Fußspur, die mich schreckt im Sand.

Wo fänd' ich Zuflucht sonst, daß nicht erkenne
die Menge meinen Gang und mein Gesicht,
daß an des Körpers Trauerschwere nicht
es lesbar sei, wie ich im Innern brenne,

so sehr, daß es mir scheint, Berg, Fluß und Hänge
und Wälder wüßten, wie es um mich steht,
wo andre Blicke niemals zu mir dringen.

Doch find ich nicht so rauhe, wilde Gänge,
daß Amor nicht mir gleich zur Seite geht
und unsre Reden endlos sich verschlingen.

(35)

Se mai foco per foco non si spense,
né fiume fu già mai secco per pioggia,
ma sempre l'un per l'altro simil poggia,
et spesso l'un contrario l'altro accense,

Amor, tu che' pensier' nostri dispense,
al qual un'alma in duo corpi s'appoggia,
perché fai in lei con disusata foggia
men per molto voler le voglie intense?

Forse sí come 'l Nil d'alto caggendo
col gran suono i vicin' d'intorno assorda,
e 'l sole abbaglia chi ben fiso 'l guarda,

cosí 'l desio che seco non s'accorda,
ne lo sfrenato obiecto vien perdendo,
et per troppo spronar la fuga è tarda.

(XLVIII)

Wenn Feuer niemals Feuer überwand
und niemals noch versiegte Flut in Flut,
Glut heißer noch erglüht in neuer Glut,
ja oft der Gegensatz erhitzt den Brand,

Amor in uns so mächtig süßer Drang,
daß in zwei Körpern eine Seele ward,
warum in unerhörter neuer Art
machst du das Sehnen stumpf vor Überschwang?

Vielleicht, wie sich zum Abgrund stürzt der Nil
und jedes Ohr betäubt mit seinem Fall,
die Sonne blind macht wie mit tausend Dornen,

muß die Begierde ohne Widerhall
verlieren sich im grenzenlosen Ziel;
müd wird die Flucht vom allzu vielen Spornen.

(48)

Ne la stagion che 'l ciel rapido inchina
verso occidente, et che 'l dí nostro vola
a gente che di là forse l'aspetta,
veggendosi in lontan paese sola,
la stancha vecchiarella pellegrina
raddoppia i passi, et piú et piú s'affretta;
et poi cosí soletta
al fin di sua giornata
talora è consolata
d'alcun breve riposo, ov'ella oblia
la noia e 'l mal de la passata via.
Ma, lasso, ogni dolor che 'l dí m'adduce
cresce qualor s'invia
per partirsi da noi l'eterna luce.

Come 'l sol volge le 'nfiammate rote
per dar luogo a la notte, onde discende
dagli altissimi monti maggior l'ombra,
l'avaro zappador l'arme riprende,
et con parole et con alpestri note
ogni gravezza del suo petto sgombra;
et poi la mensa ingombra
di povere vivande,
simili a quelle ghiande,
le qua' fuggendo tutto 'l mondo honora.
Ma chi vuol si rallegri ad ora ad ora,
ch'i' pur non ebbi anchor, non dirò lieta,
ma riposata un'hora,
né per volger di ciel né di pianeta.

Wenn schnell sich abends tief der Himmel senkt
nach Westen und mit ihm der Tag entflieht
– vielleicht erwarten andre ihn schon dort –,
in fernem Land sich plötzlich einsam sieht
die alte Pilgerin, und eilends lenkt
sie ihre Schritte und geht schneller fort,
und doch an fremdem Ort,
wenn sich der Tag beschließt,
ihr etwas Tröstung fließt
aus kurzem Schlummer zu als süßer Lohn
für des vergangnen Weges Last und Fron.
Doch ach, ein jeder Schmerz, den mir der Tag gebracht,
wächst weiter, wenn sich schon
das ewge Licht trennt von der dunklen Nacht.

Wenn seinen Gang der Sonnenwagen wendet
Und an des Himmels Rand die Nacht schon steht,
draus tiefer jetzt vom Berg der Schatten dringt,
der Kätner mit der Hacke heimwärts geht,
mit rauhem Lied er nun sein Tagwerk endet
und allen Kummer von der Brust sich singt.
Dann auf den Tisch er bringt
an armen Früchten reich
das Mahl, den Eicheln gleich,
die jeder flieht und dennoch jeder ehrt.
Wer es nur will, dem ist nicht stets verwehrt
das Glück, mir immer fern,
die Ruhe so begehrt,
dreht auch der Himmel sich, dreht sich sein Stern.

Quando vede 'l pastor calare i raggi
del gran pianeta al nido ov'egli alberga,
e 'nbrunir le contrade d'orïente,
drizzarsi in piedi, et co l'usata verga,
lassando l'erba et le fontane e i faggi,
move la schiera sua soavemente;
poi lontan da la gente
o casetta o spelunca
di verdi frondi ingiuncha:
ivi senza pensier' s'adagia et dorme.
Ahi crudo Amor, ma tu allor piú mi 'nforme
a seguir d'una fera che mi strugge,
la voce e i passi et l'orme,
et lei non stringi che s'appiatta et fugge.

E i naviganti in qualche chiusa valle
gettan le membra, poi che 'l sol s'asconde,
sul duro legno, et sotto a l'aspre gonne.
Ma io, perché s'attuffi in mezzo l'onde,
et lasci Hispagna dietro a le sue spalle,
et Granata et Marroccho et le colonne,
et gli uomini et le donne
e 'l mondo et gli animali
aquetino i lor mali,
fine non pongo al mio obstinato affanno;
et duolmi ch'ogni giorno arroge al danno,
ch'i' son già pur crescendo in questa voglia
ben presso al decim'anno,
né poss'indovinar chi me ne sciolga.

Sobald der Hirt die Strahlen fallen sieht
des großen Sterns zum Nest, darin er ruht,
im Osten sich verdunkelt schon das Land,
erhebt er sich, und wie er's immer tut,
von Buchen, Gras und Quell er weiterzieht
und treibt die Herde an mit sanfter Hand.
Wo nie ein Mensch ihn fand,
hat er im Wald sein Haus,
streut grünes Laub dort aus,
streckt sich und schläft, dem niemals widerfuhr
des Denkens Qual. Du, Amor, willst, daß nur
ein Wild mich lockt, das ins Verderben zieht
mit Stimmen, Schritten, Spur,
und faßt sie nie, die mir entweicht und flieht.

Die Schiffer lassen in verborgner Bucht,
wenn schon die Sonne ging, die Glieder schwer
auf harte Planken unter Kleidern, rauhen,
herniederfallen, da sie sinkt ins Meer,
Granada, Spanien läßt auf ihrer Flucht,
Marokko und der Säulen altes Grauen,
den Männern und den Frauen,
den Tieren ohne Zahl,
wird sanfter ihre Qual,
doch find kein End ich meiner tiefen Trauer,
die täglich steigt; wie eine hohe Mauer
mein Wille wuchs, der will, daß nichts mich tröste
in langer Jahre Dauer,
und niemand find ich, der den Schmerz mir löste.

Et perché un poco nel parlar mi sfogo,
veggio la sera i buoi tornare sciolti
da le campagne et da' solcati colli:
i miei sospiri a me perché non tolti
quando che sia? perché no 'l grave giogo?
perché dí et notte gli occhi miei son molli?
Misero me, che volli
quando primier sí fiso
gli tenni nel bel viso
per iscolpirlo imaginando in parte
onde mai né per forza né per arte
mosso sarà, fin ch'i' sia dato in preda
a chi tutto diparte!
Né so ben ancho che di lei mi creda.

Canzon, se l'esser meco
dal matino a la sera
t'à fatto di mia schiera,
tu non vorrai mostrarti in ciascun loco;
et d'altrui loda curerai sí poco,
ch'assai ti fia pensar di poggio in poggio
come m'à concio 'l foco
di questa viva petra, ov'io m'appoggio.

(L)

Indes mir Trost verspricht dies einsam Sprechen,
von schöngepflügten Hügeln führt der Bauer
die Ochsen abends, die kein Joch beschwert.
Warum weicht nimmer von mir meine Trauer?
Warum will niemand denn mein Joch zerbrechen?
Warum sich Tag und Nacht mein Herz verzehrt?
Dies hab ich, ach, begehrt,
als unverwandt und nah
ich ihre Züge sah,
sie unauslöschlich mir ins Herz zu schreiben,
draus nicht Gewalt noch List sie sollt vertreiben,
bis der mich faßt und mir das Leben bricht,
der uns gewährt kein Bleiben.
Doch ist der Tod vielleicht das Ende nicht?

Lied, wenn dies Beimirsein
vom Morgen bis zur Nacht
dich mir zum Freund gemacht,
wirst fliehen du der großen Städte Trug,
dir ist statt Lob von anderen genug,
auf Bergen wandernd einsam nachzusinnen,
wie mich das Feuer schlug
des schönen Steins, dem ich nicht kann entrinnen.

(50)

Benedetto sia 'l giorno, e 'l mese, et l'anno,
et la stagione, e 'l tempo, et l'ora, e 'l punto,
e 'l bel paese, e 'l loco ov'io fui giunto
da' duo begli occhi che legato m'ànno;

et benedetto il primo dolce affanno
ch'i' ebbi ad esser con Amor congiunto,
et l'arco, et le saette ond'i' fui punto,
et le piaghe che 'nfin al cor mi vanno.

Benedette le voci tante ch'io
chiamando il nome de mia donna ò sparte,
e i sospiri, et le lagrime, e 'l desio;

et benedette sian tutte le carte
ov'io fama l'acquisto, e 'l pensier mio,
ch'è sol di lei, sí ch'altra non v'à parte.

(LXI)

Gepriesen sei der Tag, der Mond, das Jahr,
die Jahr- und Tageszeit, der Augenblick,
das schöne Land, der Ort, da mein Geschick
sich unterwarf ein schönes Augenpaar.

Gepriesen sei die erste süße Qual
der Strahlen ihres Blicks, die mich bezwangen,
die Pfeile Amors, die mein Herz durchdrangen,
die Herzenswunden tief und ohne Zahl.

Gepriesen sei'n die Stimmen, die im Leeren
verhallten, nach ihr rufend, dort und hier,
das Seufzen, Weinen, Bitten und Begehren,

gepriesen seien Feder und Papier,
die ihren Ruhm verkünden und die schweren
Gedanken, die ihr nah sind, einzig ihr.

(61)

Io son già stanco di pensar sí come
i miei pensier' in voi stanchi non sono,
et come vita anchor non abbandono
per fuggir de sospir' sí gravi some;

et come a dir del viso et de le chiome
et de' begli occhi, ond'io sempre ragiono,
non è mancata omai la lingua e 'l suono
dí et notte chiamando il vostro nome;

et che' pie' miei non son fiaccati et lassi
a seguir l'orme vostre in ogni parte
perdendo inutilmente tanti passi;

et onde vien l'enchiostro, onde le carte
ch'i' vo empiendo di voi: se 'n ciò fallassi,
colpa d'Amor, non già defecto d'arte.

(LXXIV)

Ich bin es müd, darüber nachzusinnen,
wie unermüdlich euch mein Sinn umkreist
und wie dem Leben er mich nicht entreißt,
um meines Unglücks Lasten zu entrinnen,

und was, preis Haar ich und Gesicht, es macht,
das süße Augenpaar, in einem fort,
daß nie die Stimme fehlt und nie das Wort
mir, der nach euch ich rufe Tag und Nacht;

daß niemals meine Füße mir verzagen,
die euer Spur gefolgt bei jedem Gang
und mich so langen Weg umsonst getragen,

wie das Papier zu finden mir gelang
für all das Rühmen. Sollt' mein Wort versagen,
schuld ist der Gott, der meine Kunst bezwang.

(74)

Per mirar Policleto a prova fiso
con gli altri ch'ebber fama di quell'arte
mill'anni, non vedrian la minor parte
de la beltà che m'ave il cor conquiso.

Ma certo il mio Simon fu in paradiso
(onde questa gentil donna si parte),
ivi la vide, et la ritrasse in carte
per far fede qua giú del suo bel viso.

L'opra fu ben di quelle che nel cielo
si ponno imaginar, non qui tra noi,
ove le membra fanno a l'alma velo.

Cortesia fe'; né la potea far poi
che fu disceso a provar caldo et gielo,
et del mortal sentiron gli occhi suoi.

(LXXVII)

Und schaute Polyklet auch unverwandt
und alle, die des Abbilds Meister waren,
sie sähen Schönres nicht in tausend Jahren
als ihre Schönheit, die das Herz mir band.

Doch mein Simone war im Paradies,
von wo sie einst zu uns herabgekommen,
dort sah er sie und hat ihr Bild genommen,
daß es auf Erden sich erschauen ließ.

Sein Werk erscheint von himmlischer Gestalt,
wie unsre Augen sie sonst niemals sehen,
wo sich verhüllt der Seele Aufenthalt.

Was er vollbracht, er konnt' es nicht verstehen,
als er erneut verspürte warm und kalt
und auf die Dinge blickte, die vergehen.

(77)

* *Simone*: Simone Martini, sieneser Maler, der in Avignon arbeitete
und mit dem sich Petrarca dort anfreundete.

Quando giunse a Simon l'alto concetto
ch'a mio nome gli pose in man lo stile,
s'avesse dato a l'opera gentile
colla figura voce ed intellecto,

di sospir' molti mi sgombrava il petto,
che ciò ch'altri à piú caro, a me fan vile:
però che 'n vista ella si mostra humile
promettendomi pace ne l'aspetto.

Ma poi ch'i' vengo a ragionar co·llei,
benignamente assai par che m'ascolte,
se risponder savesse a' detti miei.

Pigmalïon, quanto lodar ti dêi
de l'imagine tua, se mille volte
n'avesti quel ch'i' sol una vorrei.

(LXXVIII)

Als mein Simone mir das Urbild fand,
das ihm nach meinem Wunsch die Hand geleitet,
war es, als sei dem schönen Werk bereitet
mit dem Gesicht auch Stimme und Verstand.

Da wich von mir mein trauriges Geschick,
was andern kostbar, kann ich nun verachten.
Sie scheint mich sanft und freundlich zu betrachten
und Frieden kommt zu mir aus ihrem Blick.

Wenn ich ihr nahe voller schwerer Fragen,
scheint mir, sie höre mich vertraulich an,
als ob sie Tröstung wüßte für mein Klagen.

Pygmalion, dein Glück ist nicht zu sagen,
wenn Leben tausendfach dein Bild gewann.
Dürft' ich nur einmal solche Hoffnung wagen.

(78)

Erano i capei d'oro a l'aura sparsi
che 'n mille dolci nodi gli avolgea,
e 'l vago lume oltra misura ardea
di quei begli occhi, ch'or ne son sí scarsi;

e 'l viso di pietosi color' farsi,
non so se vero o falso, mi parea:
i' che l'ésca amorosa al petto avea,
qual meraviglia se di súbito arsi?

Non era l'andar suo cosa mortale,
ma d'angelica forma; et le parole
sonavan altro, che pur voce humana.

Uno spirto celeste, un vivo sole
fu quel ch'i' vidi: et se non fosse or tale,
piagha per allentar d'arco non sana.

(xc)

Die goldnen Haare wehten wild im Wind,
der süße Wirrnis aus den Locken flicht,
verlockend war und ohne Maß das Licht
der Augen, die nun matt und glanzlos sind.

Mir schien, war's Wahrheit oder Trug, es ging
ein Hauch durch das Gesicht wie Zärtlichkeit.
Ich war wie Zunder schon zum Brand bereit,
was Wunder, daß im Nu ich Feuer fing?

Nicht wie die Sterblichen ging sie einher,
nein, wie die Engel leicht. Ihr Reden klang,
als käm es nicht aus eines Menschen Munde,

ein Bild des Himmels, eine Sonne sprang
mir in das Aug', und säh ich's nun nicht mehr:
Wird müd der Bogen, heilt dies nicht die Wunde.

(90)

Sennuccio, i' vo' che sapi in qual manera
tractato sono, et qual vita è la mia:
ardomi et struggo anchor com'io solia;
l'aura mi volve, et son pur quel ch'i' m'era.

Qui tutta humile, et qui la vidi altera,
or aspra, or piana, or dispietata, or pia;
or vestirsi honestate, or leggiadria,
or mansüeta, or disdegnosa et fera.

Qui cantò dolcemente, et qui s'assise;
qui si rivolse, et qui rattenne il passo;
qui co' begli occhi mi trafisse il core;

qui disse una parola, et qui sorrise;
qui cangiò 'l viso. In questi pensier', lasso,
nocte et dí tiemmi il signor nostro Amore.

(CXII)

Was mich bedrängt und wie es um mich steht,
du sollst, Sennuccio, meine Qualen kennen.
Noch immer muß ich glühen und verbrennen,
ich bin mir gleich, wie auch der Windhauch dreht.

Hier sah ich freundlich sie, voll Hochmut hier,
bald schroff, bald weich, erbarmungslos und mild,
der Züchtigkeit und bald der Anmut Bild,
hier sanft, hier stolz, hier grausam wie ein Tier,

hier ging sie singend und ließ hier sich nieder,
hier wandte sie sich um, hier hielt sie ein,
hier weckte sie mit Blicken mein Verlangen.

Hier gab sie mir ein Wort, ein Lächeln wieder,
hier blickt' sie kalt. So hält in Glück und Pein
Erinnerung mich Tag und Nacht gefangen.

(112)

* *Sennuccio*: Sennuccio del Bene, florentinischer Dichterfreund Petrarcas.

Pien di quella ineffabile dolcezza
che del bel viso trassen gli occhi miei
nel dí che volentier chiusi gli avrei
per non mirar già mai minor bellezza,

lassai quel ch'i' piú bramo; et ò sí avezza
la mente a contemplar sola costei,
ch'altro non vede, et ciò che non è lei
già per antica usanza odia et disprezza.

In una valle chiusa d'ogni 'ntorno,
ch'è refrigerio de' sospir' miei lassi,
giunsi sol cum Amor, pensoso et tardo.

Ivi non donne, ma fontane et sassi,
et l'imagine trovo di quel giorno
che 'l pensier mio figura, ovunque io sguardo.

(CXVI)

* *valle chiusa*: Vaucluse an der Quelle der Sorgue nahe bei Avignon, wo Petrarca ein kleines Landhaus besaß, in dem viele seiner Werke entstanden.

Von wunderbarer Süße tief erfüllt,
die mir mein Blick an jenem Tage schenkte
– oh, daß sich Nacht auf meine Augen senkte
und alle mindre Schönheit mir verhüllt –,

riß ich mich von ihr los, doch so gewöhnt
ist schon mein Geist, nur immer sie zu sehen,
ist sie's nicht, ohne Blick vorbeizugehen,
daß er, was andren schön heißt, nur verhöhnt.

In dieses Tal, verschlossen, öd und wild,
nach Kühlung suchend für mein mattes Leben,
kam ich voll Harm, von Amors Hand geleitet;

hier, wo mich Stein und Quell allein umgeben,
seh ich nur jenes Tages süßes Bild,
das mich, wohin ich schaue, stets begleitet.

(116)

Dicesette anni à già rivolto il cielo
poi che 'mprima arsi, et già mai non mi spensi;
ma quando aven ch'al mio stato ripensi,
sento nel mezzo de le fiamme un gielo.

Vero è 'l proverbio, ch'altri cangia il pelo
anzi che 'l vezzo, et per lentar i sensi
gli umani affecti non son meno intensi:
ciò ne fa l'ombra ria del grave velo.

Oïmè lasso, e quando fia quel giorno
che, mirando il fuggir degli anni miei,
esca del foco, et di sí lunghe pene?

Vedrò mai il dí che pur quant'io vorrei
quel'aria dolce del bel viso adorno
piaccia a quest'occhi, et quanto si convene?

(CXXII)

Der Himmel drehte sich schon siebzehn Mal,
seit mir entbrannten alle meine Sinne,
doch bin ich plötzlich meines Zustands inne,
faßt's mich wie Eis in meines Feuers Qual.

Wahr ist der Spruch, eh'r wechselt Haut und Haar
als unser Streben; wenn die Sinne schweigen,
dreht sich noch immer unsrer Lüste Reigen,
des schweren Schleiers schlimme Schattenschar.

Weh, wann erscheint mir noch des Tages Licht,
wo ich, bedenkend, wie die Jahre schwanden,
dem Feuer und der langen Qual entrönne?

Kommt je der Tag, wo frei von meinen Banden
ich unverhüllt dies süße Angesicht
mit neu erweckten Augen mir gewönne?

(122)

Se 'l pensier che mi strugge,
com'è pungente et saldo,
cosí vestisse d'un color conforme,
forse tal m'arde et fugge,
ch'avria parte del caldo,
et desteriasi Amor là dov'or dorme;
men solitarie l'orme
fôran de' miei pie' lassi
per campagne et per colli,
men gli occhi ad ognor molli,
ardendo lei che come un ghiaccio stassi,
et non lascia in me dramma
che non sia foco et fiamma.

Però ch'Amor mi sforza
et di saver mi spoglia,
parlo in rime aspre, et di dolcezza ignude:
ma non sempre a la scorza
ramo, né in fior, né 'n foglia
mostra di for sua natural vertude.
Miri ciò che 'l cor chiude
Amor et que' begli occhi,
ove si siede a l'ombra.
Se 'l dolor che si sgombra
aven che 'n pianto o in lamentar trabocchi,
l'un a me nòce et l'altro
altrui, ch'io non lo scaltro.

Dolci rime leggiadre
che nel primiero assalto

Wie Feuer mich durchzieht,
wenn solchen Reim ich fände,
von gleicher Flamme und von gleicher Glut,
die mich verbrennt und flieht
sogleich in Flammen stände,
Amor erwachte, der jetzt träge ruht;
mein Schritt faßt' neuen Mut,
dem andern Schritt vereint,
indes durch Wald und Flur
führt meine Trauerspur.
Sie würde glühen, die jetzt Eis mir scheint,
doch will, daß ich vergehe
und ganz in Flammen stehe.

Weil Amor mich entzweit,
mein Wissen mir entwindet,
sprech ich in Reimen rauh und grob gewebt.
Doch nicht zu jeder Zeit
in Laub und Blüten findet
das Auge, was im Zweig verborgen lebt.
Was tief im Herzen bebt,
sich in sich selbst verschließt,
soll sie mit Augen sehen.
Ich muß im Schmerz vergehen,
wenn der in Jammern, Klagen überfließt,
so schadet dieses mir,
mein armes Dichten ihr.

Verse ihr, schwebend leicht,
die einst im Kampf ich fand,

d'Amor usai, quand'io non ebbi altr'arme,
chi verrà mai che squadre
questo mio cor di smalto
ch'almen com'io solea possa sfogarme?
Ch'aver dentro a lui parme
un che madonna sempre
depinge et de lei parla:
a voler poi ritrarla
per me non basto, et par ch'io me ne stempre.
Lasso, cosí m'è scorso
lo mio dolce soccorso.

Come fanciul ch'a pena
volge la lingua et snoda,
che dir non sa, ma 'l piú tacer gli è noia,
cosí 'l desir mi mena
a dire, et vo' che m'oda
la dolce mia nemica anzi ch'io moia.
Se forse ogni sua gioia
nel suo bel viso è solo,
et di tutt'altro è schiva,
odil tu, verde riva,
e presta a' miei sospir' sí largo volo,
che sempre si ridica
come tu m'eri amica.

Ben sai che sí bel piede
non tocchò terra unquancho
come quel di che già segnata fosti;
onde 'l cor lasso riede

als waffenlos ich war vor Amors Wut,
wer ist's, der mir erweicht
dies Herz in Stein gebannt,
daß neu entströmte meiner Lieder Flut?
Denn tief in seiner Glut
mir eine Stimme spricht,
die ihrer stets gedenkt,
ihr süßes Bild mir schenkt,
doch faß ich's nie, dran meine Kunst zerbricht.
So ist mir nun zerronnen,
was einst so schön begonnen.

Wie wenn ein Kind noch kaum
die Zunge löst und regt,
es sprachlos noch, sein Schweigen schon verdrießt,
so sehn ich mich im Traum,
daß einst mein Lied bewegt
die stets mir feind, eh sich mein Tag beschließt;
wenn sie sich selbst genießt,
der eignen Schönheit Trug,
die Welt ihr zum Verdruß,
so höret Au und Fluß,
schenkt meinem Trauerlied so hohen Flug,
daß stets von Mund zu Mund
geh unser Freundschaft Bund.

Nie hat so schön berührt
ein Fuß je dieses Land
als der, durch den dies Gras beschrieben ward,
zu dem mein Leib mir führt

col tormentoso fiancho
a partir teco i lor pensier' nascosti.
Cosí avestú riposti
de' be' vestigi sparsi
anchor tra' fiori et l'erba,
che la mia vita acerba,
lagrimando, trovasse ove acquetarsi!
Ma come pò s'appaga
l'alma dubbiosa et vaga.

Ovunque gli occhi volgo
trovo un dolce sereno
pensando: Qui percosse il vago lume.
Qualunque herba o fior colgo
credo che nel terreno
aggia radice, ov'ella ebbe in costume
gir fra le piagge e 'l fiume,
et talor farsi un seggio
fresco, fiorito et verde.
Cosí nulla se 'n perde,
et piú certezza averne fôra il peggio.
Spirto beato, quale
se', quando altrui fai tale?

O poverella mia, come se' rozza!
Credo che tel conoschi:
rimanti in questi boschi.

(CXXV)

dies Herz, müd, leergebrannt,
daß dir's sich offenbart.
Ach hättest du bewahrt
der schönen Spuren Bild,
wo Gras und Blumen scherzen,
daß meines Lebens Schmerzen
der schöne Anblick stillt.
Indes ist wenig Frieden
der Seele noch beschieden.

Die Augen mich entzücken
im heitren Erdenrund,
denk ich, ihr Blick hab einst dies Land umfangen.
Will ich mir Blumen pflücken,
glaub ich, derselbe Grund
brächt' sie hervor; wo einst sie sich ergangen
und Fluß und Hügel prangen,
da fand ein schönes Kissen
sie, frisch und blütenreich,
so blieb dies Land sich gleich.
Nicht ratsam wär es, hier noch mehr zu wissen.
Glückselig ist der Geist
Wenn solches er verheißt.

O armes Lied, wie bist du ohne Kunst!
Glaub mir, was ich hier schreibe:
In deinen Wäldern bleibe.

(125)

Chiare, fresche et dolci acque,
ove le belle membra
pose colei che sola a me par donna;
gentil ramo ove piacque
(con sospir' mi rimembra)
a lei di fare al bel fiancho colonna;
herba et fior' che la gonna
leggiadra ricoverse
co l'angelico seno;
aere sacro, sereno,
ove Amor co' begli occhi il cor m'aperse:
date udïenza insieme
a le dolenti mie parole extreme.

S'egli è pur mio destino
e 'l cielo in ciò s'adopra,
ch'Amor quest'occhi lagrimando chiuda,
qualche gratia il meschino
corpo fra voi ricopra,
et torni l'alma al proprio albergo ignuda.
La morte fia men cruda
se questa spene porto
a quel dubbioso passo:
ché lo spirito lasso
non poria mai in piú riposato porto
né in piú tranquilla fossa
fuggir la carne travagliata et l'ossa.

Klare und kühle Flut,
worin die schönen Glieder
sie tauchte, der sich ganz mein Leben weiht,
Zweig, woran sie geruht
(dies Bild bedrängt mich wieder),
als Säule ihr bereit,
Gras, Blumen, die ihr Kleid
so anmutvoll bedeckt,
und ihre süße Brust –
o heilig-heitre Lust,
Luft, wo ihr Blick mein Sehnen einst erweckt,
ihr alle, schweigt jetzt still,
hört, was, dem Tod schon nah, ich sagen will.

Wenn mir dies Los beschieden,
der Himmel dies verlangt,
und Amor löscht mein Licht mit Tränen aus,
oh, daß ihr dann in Frieden
den armen Leib empfangt;
die Seele kehre in ihr Vaterhaus.
Es weicht des Todes Graus,
bleibt diese Hoffnung mir
bei meinem schweren Schritt,
daß, die so viel erlitt,
die Seele, fänd kein sanfteres Quartier,
kein Bett aus still'rem Stein,
zu fliehen dieses Fleisch und dies Gebein.

Tempo verrà anchor forse
ch'a l'usato soggiorno
torni la fera bella et mansüeta,
et là 'v'ella mi scorse
nel benedetto giorno,
volga la vista disïosa et lieta,
cercandomi: et, o pieta!,
già terra in fra le pietre
vedendo, Amor l'inspiri
in guisa che sospiri
sí dolcemente che mercé m'impetre,
et faccia forza al cielo,
asciugandosi gli occhi col bel velo.

Da' be' rami scendea
(dolce ne la memoria)
una pioggia di fior' sovra 'l suo grembo;
et ella si sedea
humile in tanta gloria,
coverta già de l'amoroso nembo.
Qual fior cadea sul lembo,
qual su le treccie bionde,
ch'oro forbito et perle
eran quel dí a vederle;
qual si posava in terra, et qual su l'onde;
qual con un vago errore
girando parea dir: Qui regna Amore.

Es wird vielleicht geschehen,
daß zu dem Ort zurück
die Schöne, Scheue, Sanfte noch sich wendet,
wo sie mich einst gesehen
im heilgen Augenblick
und zärtlich sich ihr Blick umsonst verschwendet,
denn was der Tod beendet,
ist schon zu Staub zerstoben.
In innigem Verzagen
wird sie so zärtlich klagen,
daß Gnade sie dort oben
und Mitleid mir erweckt,
wenn mit dem Schleier sie das Auge deckt.

Aus leichten Zweigen fiel
(wie süß fiel es mir ein)
auf ihren Schoß ein Schnee, sie spürt es kaum.
Und sie, das schöne Ziel,
saß still im Glorienschein,
bedeckt von liebevollem Blütentraum;
die fiel herab zum Saum,
die auf ihr Haar, das helle,
wie Perlen weiß auf Gold
war sie den Blicken hold,
die senkt zur Erde sich und die zur Quelle,
die sanft im Winde schwebt,
als sagte sie, hier ist's, wo Amor lebt.

Quante volte diss'io
allor pien di spavento:
Costei per fermo nacque in paradiso.
Cosí carco d'oblio
il divin portamento
e 'l volto e le parole e 'l dolce riso
m'aveano, et sí diviso
da l'imagine vera,
ch'i' dicea sospirando:
Qui come venn'io, o quando?;
credendo esser in ciel, non là dov'era.
Da indi in qua mi piace
questa herba sí, ch'altrove non ò pace.

Se tu avessi ornamenti quant'ài voglia,
poresti arditamente
uscir del boscho, et gir in fra la gente.

(CXXVI)

Wie oft sprach ich so sehr
verstört und todesbang:
die kommt gewiß von gnadenreichem Ort,
so von Vergessen schwer
ward ich durch ihren Gang,
ihr Angesicht, ihr Lachen und ihr Wort,
und so riß sie mich fort
aus irdischen Beschwerden,
daß seufzend ich begann:
Wie kam ich her und wann?
Und glaubt' im Himmel mich und nicht auf Erden.
Drum schenkt dies Gras mir Rast,
den stets die Unrast treibt, der Frieden haßt.

Flög' deine Kunst so hoch wie dein Bestreben,
du könntest kühn entschlossen
den Wald verlassen, unter Menschen leben.

(126)

In quella parte dove Amor mi sprona
conven ch'io volga le dogliose rime,
che son seguaci de la mente afflicta.
Quai fien ultime, lasso, et qua' fien prime?
Collui che del mio mal meco ragiona
mi lascia in dubbio, sí confuso ditta.
Ma pur quanto l'istoria trovo scripta
in mezzo 'l cor (che sí spesso rincorro)
co la sua propria man de' miei martiri,
dirò, perché i sospiri
parlando àn triegua, et al dolor soccorro.
Dico che, perch'io miri
mille cose diverse attento et fiso,
sol una donna veggio, e 'l suo bel viso.

Poi che la dispietata mia ventura
m'à dilungato dal maggior mio bene,
noiosa, inexorabile et superba,
Amor col rimembrar sol mi mantene:
onde s'io veggio in giovenil figura
incominciarsi il mondo a vestir d'erba,
parmi vedere in quella etate acerba
la bella giovenetta, ch'ora è donna;
poi che sormonta riscaldando il sole,
parmi qual esser sòle
fiamma d'amor che 'n cor alto s'endonna;
ma quando il dí si dole
di lui che passo passo a dietro torni,
veggio lei giunta a' suoi perfecti giorni.

Wohin mich Amors scharfer Sporn auch lenkt,
muß ich die schmerzensvollen Reime wenden,
die immer folgen dem betrübten Geist.
Wo ist mein Anfang, und wo soll ich enden?
Der meine Qualen stets mit mir bedenkt,
verhüllt in Dunkel, was er mir verheißt.
Doch die Geschichte, die im Herzen kreist
der Leiden, wohin oft mein Weg sich kehrt,
und die er niederschrieb mit eigener Hand,
erzähl ich, denn dies bannt
den innern Schmerz und der Verzweiflung wehrt:
Ich sag, daß unverwandt
auf tausend Dinge fällt mein Augenlicht
und eine Frau nur sieht und ihr Gesicht.

Da mir mein Schicksal gnadenlos und kalt
entriß das Liebste, das es mir gegeben,
voll Lust, an meinem Unglück sich zu weiden,
schenkt Amor im Erinnern mir mein Leben;
daher, seh jugendlich ich die Gestalt
der neu erwachten Welt in Grün sich kleiden,
steht sie vor mir, Quell meiner ersten Leiden,
das schöne Kind, das ich jetzt Herrin nenne.
Dann, wenn erwärmend hoch die Sonne steigt,
scheint mir, als ob sich zeigt
das Liebesfeuer, daran ich verbrenne.
Doch, wenn sich traurig neigt
der Tag, sein Licht zum Abschied schon bereit,
seh ich am Ziel sie der Volllkommenheit.

In ramo fronde, over vïole in terra,
mirando a la stagion che 'l freddo perde,
et le stelle miglior' acquistan forza,
negli occhi ò pur le vïolette e 'l verde
di ch'era nel principio de mia guerra
Amor armato, sí ch'anchor mi sforza,
et quella dolce leggiadretta scorza
che ricopria le pargolette membra
dove oggi alberga l'anima gentile
ch'ogni altro piacer vile
sembiar mi fa: sí forte mi rimembra
del portamento humile
ch'allor fioriva, et poi crebbe anzi agli anni,
cagion sola et riposo de' miei affanni.

Qualor tenera neve per li colli
dal sol percossa veggio di lontano,
come 'l sol neve, mi governa Amore,
pensando nel bel viso piú che humano
che pò da lunge gli occhi miei far molli,
ma da presso gli abbaglia, et vince il core:
ove fra 'l biancho et l'aurëo colore
sempre si mostra quel che mai non vide
occhio mortal, ch'io creda, altro che 'l mio;
et del caldo desio
che, quando sospirando ella sorride,
m'infiamma sí che oblio
nïente aprezza, ma diventa eterno,
né state il cangia, né lo spegne il verno.

Steht frisches Laub, der Teppich ausgebreitet
der Veilchen vor mir, wenn die Kälte flieht
und heller uns erscheint der Sterne Gang,
das Blau und Grün von einst mein Auge sieht,
die sich mein Feind, der immer mit mir streitet,
zur Waffe nahm, mit der er mich bezwang,
als ihre erste Süße in mich drang,
die ihre zarten Glieder sanft umhüllt,
wo jetzt die Seele, wohnt, die mich entzückt,
das, was mich sonst beglückt,
mir schal erscheint, so meinen Geist erfüllt
die Demut, die sie schmückt,
erblickt einst und jetzt reif schon vor der Zeit,
o Grund und Trost du meiner Traurigkeit.

Wenn zarter Schnee rings auf den Hügeln leuchtet,
die ich von fern im Glanz der Sonne sehe,
mich Amor wie das Licht den Schnee durchdringt,
und ich im Geist vor ihrer Schönheit stehe,
die aus der Ferne mir die Augen feuchtet,
von nah mich blendet und mein Herz bezwingt,
daß immer mir aus Weiß und Gold entspringt,
was sich nur mir, dies glaub ich, offenbart
und nie zuvor ein Auge je erkannt,
setzt mich in solchen Brand,
mischt unter Seufzer sich ein Lächeln zart,
daß niemals, was ich sah, dem Sinn entschwand,
nein, unauslöschlich bleibt in Ewigkeit,
unwandelbar es selbst zu jeder Zeit.

Non vidi mai dopo nocturna pioggia
gir per l'aere sereno stelle erranti,
et fiammeggiar fra la rugiada e 'l gielo,
ch'i' non avesse i begli occhi davanti
ove la stancha mia vita s'appoggia,
quali io gli vidi a l'ombra d'un bel velo;
et sí come di lor bellezze il cielo
splendea quel dí, cosí bagnati anchora
li veggio sfavillare, ond'io sempre ardo.
Se 'l sol levarsi sguardo,
sento il lume apparir che m'innamora;
se tramontarsi al tardo,
parmel veder quando si volge altrove
lassando tenebroso onde si move.

Se mai candide rose con vermiglie
in vasel d'oro vider gli occhi miei
allor allor da vergine man colte,
veder pensaro il viso di colei
ch'avanza tutte l'altre meraviglie
con tre belle excellentie in lui raccolte:
le bionde treccie sopra 'l collo sciolte,
ov'ogni lacte perderia sua prova,
e le guancie ch'adorna un dolce foco.
Ma pur che l'òra un poco
fior' bianchi et gialli per le piaggie mova,
torna a la mente il loco
e 'l primo dí ch'i' vidi a l'aura sparsi
i capei d'oro, ond'io sí súbito arsi.

Hält nachts der Regen ein, sah niederschweben
ich nie den Sternenschwarm im heiteren Raum
und zwischen Reif und Tau des Feuers Pracht,
daß nicht vor mir stand, leuchtend wie ein Traum,
das Augenpaar, das mich erweckt zum Leben,
wie ich es sah einst in des Schleiers Nacht,
und wie, als stände es in ihrer Macht,
der Himmel glänzte, sah ich ihren Blick,
von Tränen glänzend, der ich mich ergeben,
seh ich den Tag sich heben,
spür ich ihr Licht, mein leuchtendes Geschick,
seh ich ihn von mir streben,
scheint sie zu ihrem Aufbruch schon bereit,
die uns zurückläßt hier in Dunkelheit.

Wenn brennend rote Rosen ich und weiße
in goldenem Gefäß beisammen sah,
dort hingestellt von jungfräulicher Hand,
war mir sogleich das süße Antlitz nah,
sie, die ich Wunder aller Wunder heiße,
weil dreimal wunderbar sie vor mir stand,
wenn überm Nacken sie ihr Haar entband,
der selbst die Milch an Weiße noch besiegt,
mit Wangen brennend, süßen Feuers Hort;
wenn leicht der Windhauch dort
am Hügel gelb und weiß die Blumen wiegt,
kehrt mir zurück der Ort,
der Tag, wo sie im Wind ihr Goldhaar trug,
daß, wie mit Flammen, mich ihr Feuer schlug.

Ad una ad una annoverar le stelle,
e 'n picciol vetro chiuder tutte l'acque,
forse credea, quando in sí poca carta
novo penser di ricontar mi nacque
in quante parti il fior de l'altre belle,
stando in se stessa, à la sua luce sparta
a ciò che mai da lei non mi diparta:
né farò io; et se pur talor fuggo,
in cielo e 'n terra m'à rachiuso i passi,
perch'agli occhi miei lassi
sempre è presente, ond'io tutto mi struggo.
Et cosí meco stassi,
ch'altra non veggio mai, né veder bramo,
né 'l nome d'altra ne' sospir' miei chiamo.

Ben sai, canzon, che quant'io parlo è nulla
al celato amoroso mio pensero,
che dí et nocte ne la mente porto,
solo per cui conforto
in cosí lunga guerra ancho non pèro:
ché ben m'avria già morto
la lontananza del mio cor piangendo,
ma quinci da la morte indugio prendo.

(CXXVII)

Am Firmament die Sterne nachzuzählen,
im kleinen Glas den Ozean zu bannen,
glaubt' ich vielleicht, vom weißen Blatt geblendet,
als ihre Strahlen solche Macht gewannen
und die die Schönen sich zur Schönsten wählen,
sich, in sich selbst verschlossen, so verschwendet,
daß niemals sich von ihr mein Sinnen wendet.
Dies kann nicht sein, doch wär's, daß ich sie fliehe,
könnt' ich an keinem Ort ihr je entrinnen,
da meinen müden Sinnen
sie stets vor Augen steht, wohin ich ziehe,
und so in mir tief innen
sie stets verweilt, daß keine sonst ich sehe
und keinen andern Namen mir erflehe.

Du weißt es, Lied, mein Reden ist ein Nichts,
da so viel stummes Denken in mir kreist,
sich Amor in mir regt bei Tag und Nacht,
der einzig Trost gebracht,
daß solchem Streit mich nicht der Tod entreißt.
Ich bin in seiner Macht,
wenn mir mein Herz vor Trauer will vergehen.
Durch dich nur kann dem Tod ich widerstehen.

(127)

Italia mia, benché 'l parlar sia indarno
a le piaghe mortali
che nel bel corpo tuo sí spesse veggio,
piacemi almen che' miei sospir' sian quali
spera 'l Tevero et l'Arno,
e 'l Po, dove doglioso et grave or seggio.
Rettor del cielo, io cheggio
che la pietà che Ti condusse in terra
Ti volga al Tuo dilecto almo paese.
Vedi, Segnor cortese,
di che lievi cagion' che crudel guerra;
e i cor', che 'ndura et serra
Marte superbo et fero,
apri Tu, Padre, e 'ntenerisci et snoda;
ivi fa' che 'l Tuo vero,
qual io mi sia, per la mia lingua s'oda.

Voi cui Fortuna à posto in mano il freno
de le belle contrade,
di che nulla pietà par che vi stringa,
che fan qui tante pellegrine spade?
perché 'l verde terreno
del barbarico sangue si depinga?
Vano error vi lusinga:
poco vedete, et parvi veder molto,
ché 'n cor venale amor cercate o fede.
Qual piú gente possede,
colui è piú da' suoi nemici avolto.

Italien mein, könnt' heilen nur mein Wort
die Wunden tödlich offen,
die man dir in den schönen Körper stieß!
Doch sei mein Klagen, wie sie es erhoffen
am Tiber, Arno dort,
am Po, wo ich mich traurig niederließ.
Herr, der uns hoffen hieß,
der du herniederkamst in unsre Pein,
schenk dein Erbarmen dem geliebten Land,
und bleib ihm zugewandt.
Schau, um ein Nichts die Herzen sich entzwein,
sie, die gebannt in Stein
Mars' schlimme Leidenschaft.
Erwärme sie, bring sie zu neuem Leben,
und deiner Wahrheit Kraft
sei meinem Wort, wer ich auch sei, gegeben.

Ihr, die ihr nahmt dies Reich in eure Hand
durch der Fortuna Macht,
das mitleidlos ihr quält mit eurer Wut,
wer hat die fremden Waffen hergebracht,
durch die das grüne Land
gerötet ist von der Barbaren Blut?
Euch trübt der Wahn den Mut,
ihr glaubt, statt wenig, daß ihr viel empfingt,
meint, daß gekaufte Liebe wirklich liebt.
Den große Schar umgibt,
der ist von seinen Feinden schon umringt.

O diluvio raccolto
di che deserti strani
per inondar i nostri dolci campi!
Se da le proprie mani
questo n'avene, or chi fia che ne scampi?

Ben provide Natura al nostro stato,
quando de l'Alpi schermo
pose fra noi et la tedesca rabbia;
ma 'l desir cieco, e 'ncontra 'l suo ben fermo,
s'è poi tanto ingegnato,
ch'al corpo sano à procurato scabbia.
Or dentro ad una gabbia
fiere selvagge et mansüete gregge
s'annidan sí, che sempre il miglior geme;
et è questo del seme,
per piú dolor, del popol senza legge,
al qual, come si legge,
Mario aperse sí 'l fianco,
che memoria de l'opra ancho non langue,
quando assetato et stanco
non piú bevve del fiume acqua che' sangue.
Cesare taccio che per ogni piaggia
fece l'erbe sanguigne
di lor vene, ove 'l nostro ferro mise.
Or par, non so per che stelle maligne,
che 'l cielo in odio n'aggia:
vostra mercé, cui tanto si commise.

Oh, welche Sintflut dringt
aus welchen fremden Wüsten,
die süßen Fluren uns zu überschwemmen,
Wenn wir sie selbst gegrüßten,
wen kann dies Unglück denn bei uns noch hemmen?

Natur war wohl auf unseren Schutz bedacht,
als sie der Alpen Mauer
zum Wall uns vor der Deutschen Wut erbaut.
Indes die Gier, Feind jedes Glückes Dauer,
wühlt so in ihrer Nacht,
daß Krätze nun bedeckt die reine Haut.
In einer Hürde, schaut,
sieht man die Wölfe sich zur Herde wagen,
so daß die Guten trifft der Bösen Tat.
Und dies ist erst die Saat
des schlimmen Volkes für noch größre Plagen,
dem, wie sie sagen
einst Marius weggerafft
so viele, nie dies in Vergessen sank,
daß durstig, ohne Kraft,
er mehr an Blut im Fluß als Wasser trank.
Von Cäsar schweig ich, siegreich, ohne Rast,
der rot die Fluren machte,
wo er sein Schwert dem Feind entgegenschwenkte.
Mir scheint – ist's, weil ein Stern uns Unheil brachte? –,
daß uns der Himmel haßt,
der euch mit seiner Gunst so sehr beschenkte.

Vostre voglie divise
guastan del mondo la piú bella parte.
Qual colpa, qual giudicio o qual destino
fastidire il vicino
povero, et le fortune afflicte et sparte
perseguire, e ’n disparte
cercar gente et gradire,
che sparga ’l sangue et venda l’alma a prezzo?
Io parlo per ver dire,
non per odio d’altrui, né per disprezzo.

Né v’accorgete anchor per tante prove
del bavarico inganno
ch’alzando il dito colla morte scherza?
Peggio è lo strazio, al mio parer, che ’l danno;
ma ’l vostro sangue piove
piú largamente, ch’altr’ira vi sferza.
Da la matina a terza
di voi pensate, et vederete come
tien caro altrui che tien sé cosí vile.
Latin sangue gentile,
sgombra da te queste dannose some;
non far idolo un nome
vano senza soggetto:
ché ’l furor de lassú, gente ritrosa,
vincerne d’intellecto,
peccato è nostro, et non natural cosa.

Seit Euch die Zwietracht lenkte,
dies schöne Land sich schwarz mit Trauer färbt.
O Schuld und Strafe, schlimmes Schicksalswort:
Ihr treibt den Nachbarn fort,
den Unglücklichen ruchlos ihr verderbt.
Ihr fremde Söldner werbt
und seht es mit Genuß,
wie sie mit Blut befleckt sich kaufen lassen.
Aus Not ich schreien muß,
doch nicht verachten will ich und nicht hassen.

Vor so viel Zeichen ihr die Augen schließt
und dabei nicht erkennt
des Bayern Trug, der scherzt nur mit dem Tod.
Mehr schmerzt der Hohn noch als der Schaden brennt,
doch euer Blut, es fließt
so tödlich, weil in euch die Rachsucht loht.
Beim ersten Morgenrot
denkt doch an euch, dann werdet Ihr es sehen,
wie der euch liebt, der selbst sich Schmach antut.
O edler Römer Blut,
laßt diese Geißel gehen!
Was nützt euch anzuflehen
den Namen leer und dreist?
Denn wenn dem Furor aus des Nordens Nacht
sich unterwirft der Geist,
ist's unsre Schuld und nicht des Schicksals Macht.

Non è questo 'l terren ch'i' toccai pria?
Non è questo il mio nido
ove nudrito fui sí dolcemente?
Non è questa la patria in ch'io mi fido,
madre benigna et pia,
che copre l'un et l'altro mio parente?
Perdio, questo la mente
talor vi mova, et con pietà guardate
le lagrime del popol doloroso,
che sol da voi riposo
dopo Dio spera; et pur che voi mostriate
segno alcun di pietate,
vertú contra furore
prenderà l'arme, et fia 'l combatter corto:
ché l'antiquo valore
ne l'italici cor' non è anchor morto.

Signor', mirate come 'l tempo vola,
et sí come la vita
fugge, et la morte n'è sovra le spalle.
Voi siete or qui; pensate a la partita:
ché l'alma ignuda et sola
conven ch'arrive a quel dubbioso calle.
Al passar questa valle
piacciavi porre giú l'odio et lo sdegno,
vènti contrari a la vita serena;
et quel che 'n altrui pena
tempo si spende, in qualche acto piú degno

Berührte nicht mein Fuß zuerst dies Land?
War nicht mein Nest gebaut
hier, wo die Nahrung mir so süß geschmeckt?
Hab ich nicht stets dem Vaterland vertraut?
Mutter, mit zarter Hand
hast du die Eltern beide mir bedeckt.
Bei Gott, wenn dies nicht weckt
Erbarmen in euch, daß ihr einmal neigt
den Blick auf dieses Volk, das ihr vernichtet
und das doch einzig richtet
auf euch, nach Gott, sein Hoffen, jetzt nicht schweigt!
Nur einmal Mitleid zeigt,
dann, mit des Nordens Wut,
wird sich in kurzem Kampf die Tugend messen.
Noch ist der alte Mut
in der Italer Herzen nicht vergessen.

Ihr Herrn, wie schnell die Zeit fliegt, seht doch ein,
und wie das Leben flieht
und uns der Tod schon hinterm Rücken steht.
Ihr seid noch hier, bedenkt, wohn ihr zieht.
Die Seele nackt, allein,
schon an des dunklen Weges Ende seht.
Wenn durch dies Tal ihr geht,
den Haß und die Verachtung von euch reißt,
die finstern Feinde eurer Heiterkeit.
Vertut nicht eure Zeit
mit Ränken, schafft ein Werk, das jeder preist,

o di mano o d'ingegno,
in qualche bella lode,
in qualche honesto studio si converta:
cosí qua giú si gode,
et la strada del ciel si trova aperta.

Canzone, io t'ammonisco
che tua ragion cortesemente dica,
perché fra gente altera ir ti convene,
et le voglie son piene
già de l'usanza pessima et antica,
del ver sempre nemica.
Proverai tua ventura
fra' magnanimi pochi a chi 'l ben piace.
Di' lor: – Chi m'assicura?
I' vo gridando: Pace, pace, pace. –

(CXXVIII)

mit Händen oder Geist,
der Tugend Lorbeer pflückt,
auf schöne Studien richtet euer Streben,
so seid ihr hier beglückt
und bahnt den Weg euch für das ew'ge Leben.

Lied, diesen Auftrag nimm:
Sag deine Sache höflich, aber frei.
Zu hochgestellten Herren führt dein Gang,
in deren Seelen drang
das alte Gift der schlimmen Schmeichelei,
der Lüge Kumpanei.
Doch wird es auch geschehen,
daß du auf Großmut triffst, des Guten Hort.
Dort ruf: – Wer hört mein Flehen?
Ich schreie Frieden, Frieden, immerfort! –

(128)

Di pensier in pensier, di monte in monte
mi guida Amor, ch'ogni segnato calle
provo contrario a la tranquilla vita.
Se 'n solitaria piaggia, rivo o fonte,
se 'nfra duo poggi siede ombrosa valle,
ivi s'acqueta l'alma sbigottita;
et come Amor l'envita,
or ride, or piange, or teme, or s'assecura;
e 'l volto che lei segue ov'ella il mena
si turba et rasserena,
et in un esser picciol tempo dura;
onde a la vista huom di tal vita experto
diria: Questo arde, et di suo stato è incerto.

Per alti monti et per selve aspre trovo
qualche riposo: ogni habitato loco
è nemico mortal degli occhi miei.
A ciascun passo nasce un penser novo
de la mia donna, che sovente in gioco
gira 'l tormento ch'i' porto per lei;
et a pena vorrei
cangiar questo mio viver dolce amaro,
ch'i' dico: Forse anchor ti serva Amore
ad un tempo migliore;
forse, a te stesso vile, altrui se' caro.
Et in questa trapasso sospirando:
Or porrebbe esser vero? or come? or quando?

Von Berg zu Berg, Gedanken zu Gedanken
führt Amor mich, den jedes Weges Spur
aus seinem kaum beruhigten Dasein reißt.
Im Tal, geschützt von zweier Berge Flanken,
an Bach und Quelle in verlaßner Flur,
hat Ruh mein Herz, das ängstlich in sich kreist,
und wie es Amor heißt,
lacht es und weint und zittert und faßt Mut.
Und seines Wesens Spiegel, das Gesicht,
bald Düsternis, bald Licht,
nur kurze Zeit beständig in sich ruht.
So wird, wer solches Leben kennt, erkennen:
Der muß im Ungewissen sich verbrennen.

Auf hohen Bergen, tief im Wald verloren,
hab ich ein wenig Rast, ein jeder Ort,
wo Menschen sind, ist meinen Augen feind.
Bei jedem Schritt wird mir ihr Bild geboren,
von der mir oft nur kam ein scherzend Wort,
als sei mein Klagen nur als Spiel gemeint.
Doch nichts mir schlimmer scheint,
als diese süße Bitternis zu lassen.
Vielleicht, sag ich, steht Amor dir bereit
zu einer bessern Zeit,
wird man, dir selbst verhaßt, dich nicht mehr hassen.
Und still, im Innern seufzend, sprech ich dann:
So könnt es wirklich sein? Doch wie und wann?

Ove porge ombra un pino alto od un colle
talor m'arresto, et pur nel primo sasso
disegno co la mente il suo bel viso.
Poi ch'a me torno, trovo il petto molle
de la pietate; et alor dico: Ahi lasso,
dove se' giunto! et onde se' diviso!
Ma mentre tener fiso
posso al primo pensier la mente vaga,
et mirar lei, et oblïar me stesso,
sento Amor sí da presso,
che del suo proprio error l'alma s'appaga:
in tante parti et sí bella la veggio,
che se l'error durasse, altro non cheggio.

I' l'ò piú volte (or chi fia che mi 'l creda?)
ne l'acqua chiara et sopra l'erba verde
veduto viva, et nel tronchon d'un faggio
e 'n bianca nube, sí fatta che Leda
avria ben detto che sua figlia perde,
come stella che 'l sol copre col raggio;
et quanto in piú selvaggio
loco mi trovo e 'n piú deserto lido,
tanto piú bella il mio pensier l'adombra.
Poi quando il vero sgombra
quel dolce error, pur lí medesmo assido
me freddo, pietra morta in pietra viva,
in guisa d'uom che pensi et pianga et scriva.

Wo mir ein Baum, ein Hügel Schatten spendet,
da bleib ich oft. Dem Stein an meiner Seit'
präg ich der Liebsten schöne Züge ein.
Und wenn mein Geist sich wieder zu sich wendet,
spür ich die Tränen meiner Zärtlichkeit.
Wo bin ich, ach, warum bin ich allein?
Doch fühl ich, wenn als Schein
sie mir entspringt aus meiner Hoffnung Glut
und sie dann lebend mir vor Augen steht,
wie Amor mit mir geht
und sanft in solchem Wahn die Seele ruht.
Sosehr der schöne Trug mich oft entzückte,
daß, hätt' er Dauer, nichts mich mehr beglückte.

Wer wird mir glauben, daß ich oft gesehen
auf grüner Aue sie, im klaren Quell,
im Buchenstamm, der weißen Wolke Band,
so schön, es müßte Leda selbst gestehen,
die Schönheit Helenas scheint nicht so hell,
grad wie den Stern verdeckt der Sonne Brand.
Je wilder auch das Land
und je verlassener des Meeres Saum,
um so viel schöner sie mein Geist sich schafft.
Doch wenn der Wahrheit Kraft
von dannen jagt den allzu süßen Traum,
bin ich auf kaltem Stein erstarrt, versteint,
als Standbild, das doch denkt und schreibt und weint.

Ove d'altra montagna ombra non tocchi,
verso 'l maggiore e 'l piú expedito giogo
tirar mi suol un desiderio intenso;
indi i miei danni a misurar con gli occhi
comincio, e 'ntanto lagrimando sfogo
di dolorosa nebbia il cor condenso,
alor ch'i' miro et penso
quanta aria dal bel viso mi diparte
che sempre m'è sí presso et sí lontano.
Poscia fra me pian piano:
Che sai tu, lasso? forse in quella parte
or di tua lontananza si sospira.
Et in questo penser l'alma respira.

Canzone, oltra quell'alpe
là dove il ciel è piú sereno et lieto
mi rivedrai sovr'un ruscel corrente,
ove l'aura si sente
d'un fresco et odorifero laureto.
Ivi è 'l mio cor, et quella che 'l m'invola;
qui veder pôi l'imagine mia sola.

(CXXIX)

Wo sich die Schatten niemals niederlassen
von andern Bergen, dahin, dort empor
zieht mich der wilden Sehnsucht Schmerz und Lust.
Da können meine Augen es erfassen,
wie fern mein Glück und was ich dort verlor.
Und Trauernebel ziehn durch meine Brust,
wenn es mir ganz bewußt,
wie weit von mir ihr schönes Angesicht,
von mir entfernt und dennoch mir so nah.
Und leise, leise da:
Was weinst und jammerst du, wär's möglich nicht,
daß in der Ferne dort man dein gedenkt?
Und in mein Herz sich endlich Frieden senkt.

Lied, über jenem Berg,
da, wo so heiter glänzt des Himmels Raum,
wirst du mich sehn am eil'gen Bach im Kühlen,
wirst du die Aura fühlen
von Lauras frischem, duftend grünem Baum.
Dort ist mein Herz und die es nahm zu eigen.
Hier kann sich nur die leere Hülle zeigen.

(129)

Io canterei d'amor sí novamente,
ch'al duro finaco il dí mille sospiri
trarrei per forza, et mille alti desiri
raccenderei ne la gelata mente;

e 'l bel viso vedrei cangiar sovente,
et bagnar gli occhi, et piú pietosi giri
far come suol che degli altrui martiri
et del suo error, quando non val, si pente;

et le rose vermiglie infra la neve
mover da l'òra, et discovrir l'avorio
che fa di marmo chi da presso 'l guarda;

e tutto quel per che nel viver breve
non rincresco a me stesso, anzi mi glorio
d'esser servato a la stagion piú tarda.

(CXXXI)

So unerhört würd' ich von Liebe singen,
daß ihren harten Sinn mein Lied bezwingt,
ein Seufzen aus dem starren Herzen dringt
und süße Träume seinem Eis entspringen.

Ich sähe sie erglühen und erblassen,
die Augen feucht, in Mitleid hin und her
zu mir den Blick gewandt von Reue schwer,
und allzu spät den alten Irrtum lassen.

Im Schnee säh' Rosen glühend ich erbeben,
vom Atem blühend, schönes Elfenbein,
das den, der es erblickt, zu Marmor macht;

und alles, was noch für ein kurzes Leben
mich endlich klaglos läßt und glorreich sein,
daß sich mein Tag erfüllt am Rand der Nacht.

(131)

S'amor non è, che dunque è quel ch'io sento?
Ma s'egli è amor, perdio, che cosa et quale?
Se bona, onde l'effecto aspro mortale?
Se ria, onde sí dolce ogni tormento?

S'a mia voglia ardo, onde 'l pianto e lamento?
S'a mal mio grado, il lamentar che vale?
O viva morte, o dilectoso male,
come puoi tanto in me, s'io nol consento?

Et s'io 'l consento, a gran torto mi doglio.
Fra sí contrari vènti in frale barca
mi trovo in alto mar senza governo,

sí lieve di saver, d'error sí carca
ch'i' medesmo non so quel ch'io mi voglio,
e tremo a mezza state, ardendo il verno.

(CXXXII)

Wenn Liebe nicht, was ist's, das in mir wühlt?
Ist's Liebe, Gott, was mag die Liebe sein?
Ist's gut, warum bringt sie so harte Pein?
Ist's schlimm, hat je man süßre Qual gefühlt?

Wenn ich so brennen will, warum die Klage?
Erleid ich's, was hilft Schreien mir und Flehn?
Lebendger Tod, o köstliches Vergehn,
wie herrschst du so, wenn ich mich dir versage?

Doch will ich's, ist mein Jammern falsches Spiel;
ein Schiff von Winden bin ich hin und her
im Meer getrieben mit gebrochnem Steuer,

so leicht an Wissen wie an Irrtum schwer,
daß ohne Stern mein Wollen, ohne Ziel.
Ich bin im Sommer Eis, im Winter Feuer.

(132)

Amor m'à posto come segno a strale,
come al sol neve, come cera al foco,
e come nebbia al vento; et son già roco,
Donna, mercé chiamando, et voi non cale.

Dagli occhi vostri uscío 'l colpo mortale
contra cui non mi val tempo né loco;
da voi sola procede, et parvi un gioco,
il sole e 'l foco, e 'l vento, ond'io son tale.

I pensier son saette, e 'l viso un sole,
e 'l desir foco; e 'nseme con quest'arme
mi punge Amor, m'abbaglia, et mi distrugge;

et l'angelico canto et le parole,
col dolce spirto, ond'io non posso aitarme,
son l'aura inanzi a cui mia vita fugge.

(CXXXIII)

Die Liebe macht' mich ihres Bogens Ziel,
ich bin ein Nebel, den der Wind verweht,
bin Wachs der Glut, der Sonne Schnee. Schon fleht
rauh meine Stimme, doch euch gilts nicht viel.

Mit euren Strahlen habt ihr mich vernichtet,
dagegen helfen mir nicht Ort noch Zeit,
durch euch allein bin ich zu meinem Leid
von Sonne, Feuer, Wind so zugerichtet.

Gedankenpfeile, euer Augenlicht,
der Sehnsucht ewig brennendes Verlangen:
Amor durchbohrt, verbrennt mich, macht mich blind;

mein Himmel ist sie, wenn sie singt und spricht,
ihr süßer Geist hat meinen Geist umfangen,
in ihrer Aura meine Zeit verrinnt.

(133)

Pace non trovo, et non ò da far guerra;
e temo, et spero; et ardo, et son un ghiaccio;
et volo sopra 'l cielo, et giaccio in terra;
et nulla stringo, et tutto 'l mondo abbraccio.

Tal m'à in pregion, che non m'apre né serra,
né per suo mi riten né scioglie il laccio;
et non m'ancide Amore, et non mi sferra,
né mi vuol vivo, né mi trae d'impaccio.

Veggio senza occhi, et non ò lingua et grido;
et bramo di perir, et cheggio aita;
et ò in odio me stesso, et amo altrui.

Pascomi di dolor, piangendo rido;
egualmente mi spiace morte et vita:
in questo stato son, donna, per voi.

(CXXXIV)

Ich kann in Frieden, kann in Krieg nicht sein,
ich fürchte, hoffe, brenne, bin aus Eis,
ich flieg zum Himmel, falle wie ein Stein,
ich fasse nichts, umfaß den Erdenkreis.

Mein Kerker ist verschlossen nicht, nicht offen,
es hält mich niemand, löst mir meine Ketten,
von Amor kommt kein Tod mir und kein Hoffen,
er will mein Leben nicht, will mich nicht retten.

Ich sehe augenlos, muß lautlos schrein,
sehn mich nach Tod und rufe Hilf herbei,
ich liebe, und ich muß doch selbst mich hassen.

In Lachen, Weinen muß ich mich entzwein.
Mir ist der Tod, das Leben einerlei,
so bin durch euch ich ratlos und verlassen.

(134)

Come talora al caldo tempo sòle
semplicetta farfalla al lume avezza
volar negli occhi altrui per sua vaghezza,
onde aven ch'ella more, altri si dole:

cosí sempre io corro al fatal mio sole
degli occhi onde mi vèn tanta dolcezza,
che 'l fren de la ragion Amor non prezza,
e chi discerne è vinto da chi vole.

E veggio ben quant'elli a schivo m'ànno,
e so ch'i' ne morrò veracemente;
ché mia vertú non pò contra l'affanno:

ma sí m'abbaglia Amor soavemente,
ch'i' piango l'altrui noia, et no 'l mio danno;
et cieca al suo morir l'alma consente.

(CXLI)

Wie manches Mal im heit'ren Sommerleben
arglos ein Schmetterling, vom Licht beglückt,
ins Aug sich stürzt, das ihn noch mehr entzückt
und stirbt, für dieses nur ein leichtes Beben,

mein Blick gebannt zu seiner Sonne fliegt,
den Augen, die so süßes Licht verschenken,
daß keine Zügel meine Lust mehr lenken
und meinen Geist im Flug der Wahn besiegt.

Doch seh ich sie die Blicke niederschlagen
verachtungsvoll, daß schier das Herz mir bricht,
vor solchem Kummer muß mein Mut versagen.

So blendet Amor mich mit seinem Licht,
daß ich nur rede, um mich anzuklagen,
und blind seh ich dem Tod ins Angesicht.

(141)

Ponmi ove 'l sole occide i fiori et l'erba,
o dove vince lui il ghiaccio et la neve;
ponmi ov'è 'l carro suo temprato et leve,
et ov'è chi ce 'l rende, o chi ce 'l serba;

ponmi in humil fortuna, od in superba,
al dolce aere sereno, al fosco et greve;
ponmi a la notte, al dí lungo ed al breve,
a la matura etate od a l'acerba;

ponmi in cielo, od in terra, od in abisso,
in alto poggio, in valle ima et palustre,
libero spirto, od a' suoi membri affisso;

ponmi con fama oscura, o con ilustre:
sarò qual fui, vivrò com'io son visso,
continüando il mio sospir trilustre.

(CXLV)

Wo Gras und Blumen sengt mit seinem Brand
der Sonnengott, wo Eis und Schnee ihn schlagen,
wo leicht er lenkt und heiter seinen Wagen,
laß mich im Morgen- oder Abendland,

in Armut laß mich sein, in höchstem Glück,
in hartem Winter, neuer Frühlingspracht,
gib langen, kurzen Tag mir, dunkle Nacht,
laß alt mich sein, bring mir die Zeit zurück,

die Erd, den Himmel, dunklen Schreckensort
gib, dumpfes Tal, den Gipfel hoch und klar;
des Leibes Knecht, ein Geist, bald hier, bald dort,

sei ich, gerühmt, in namenloser Schar:
ich bleibe der ich bin und lebe fort
in traurigem Verlangen Jahr um Jahr.

(145)

In qual parte del ciel, in quale ydea
era l'exempio, onde Natura tolse
quel bel viso leggiadro, in ch'ella volse
mostrar qua giú quanto lassú potea?

Qual nimpha in fonti, in selve mai qual dea,
chiome d'oro sí fino a l'aura sciolse?
quando un cor tante in sé vertuti accolse?
benché la somma è di mia morte rea.

Per divina bellezza indarno mira
chi gli occhi de costei già mai non vide
come soavemente ella gli gira;

non sa come Amor sana, et come ancide,
chi non sa come dolce ella sospira,
et come dolce parla, et dolce ride.

(CLIX)

Wo ist der Ort im Jenseits der Ideen,
an dem die Künstlerin das Urbild fand
des schönen Angesichts, uns zugewandt,
damit wir hier des Himmels Abglanz sehen?

Hat eine Göttin je in Wald und Quelle
so goldnes Haar dem Windhauch ausgebreitet?
Wann war der Tugend solche Statt bereitet?
Wenn mich auch tötet ihres Herzens Helle.

Von höchster Schönheit wähnt sich angerührt
umsonst, wer nie erschaut ihr Angesicht,
nicht weiß, wie sie die sanften Blicke führt.

Der kennt der Liebe Lust und Leiden nicht,
der ihren süßen Atem nie gespürt
und wie sie zärtlich lacht und zärtlich spricht.

(159)

O passi sparsi, o pensier' vaghi et pronti,
o tenace memoria, o fero ardore,
o possente desire, o debil core,
oi occhi miei, occhi non già, ma fonti;

O fronde, honor de le famose fronti,
o sola insegna al gemino valore!
O faticosa vita, o dolce errore,
che mi fate ir cercando piagge et monti!

O bel viso, ove Amor inseme pose
gli sproni e 'l fren, ond'el mi punge et volve,
come a lui piace, et calcitrar non vale!

O anime gentili et amorose,
s'alcuna à 'l mondo, et voi nude ombre et polve,
deh, ristate a veder quale è 'l mio male.

(CLXI)

Oh zögernd schwerer Schritt, Gedanken schnell
hinwandernd, Eingedenken unverrückt,
oh mächtiges Verlangen, schmerzentzückt,
ohnmächt'ges Herz, statt Augen Tränenquell,

oh dunkles Laub, das hohe Taten preist,
zweifach befugt, die edle Stirn zu zieren,
oh schweres Leben, süßes sich Verlieren,
die ihr von Berg zu Berg mich gehen heißt;

oh schönes Angesicht, darin zugleich
mit Sporn und Fessel Amor treibt und packt,
wie's ihm gefällt, nichts was ihm widersteht;

oh Seelen hochgemut und liebereich,
wenn ihr denn seid, ihr Schatten leicht und nackt,
verweilt doch, daß ihr meine Qualen seht.

(161)

Or che 'l ciel et la terra e 'l vento tace
et le fere e gli augelli il sonno affrena,
Notte il carro stellato in giro mena
et nel suo letto il mar senz'onda giace,

vegghio, penso, ardo, piango; et chi mi sface
sempre m'è inanzi per mia dolce pena:
guerra è 'l mio stato, d'ira et di duol piena,
et sol di lei pensando ò qualche pace.

Cosí sol d'una chiara fonte viva
move 'l dolce et l'amaro ond'io mi pasco;
una man sola mi risana et punge;

e perché 'l mio martir non giunga a riva,
mille volte il dí moro et mille nasco,
tanto da la salute mia son lunge.

(CLXIV)

Da sich Erd, Wind und Himmel nicht mehr regt,
und Tier und Vögel jetzt der Schlaf berührt,
die Nacht heraus den Sternenwagen führt,
das Meer in seinem Bett sich niederlegt,

wach ich und sinne; in der Trauer Glut
ist stets ihr Bild vor mir, mein süßer Tod;
die Krieg mir bringt und Schmerz und Zorn und Not,
sie nur besänftigt meines Herzens Wut.

So strömt hervor in einem reichen Strahl
das Bittre und das Süße, die mich nähren,
es heilt und es versehrt dieselbe Hand.

Und weil kein Ufer je winkt meiner Qual,
muß tausendfach mich töten und gebären
der Tag; so ist mein Glück von mir verbannt.

(164)

Pien d'un vago penser che me desvia
da tutti gli altri, et fammi al mondo ir solo,
ad or ad ora a me stesso m'involo
pur lei cercando che fuggir devria;

et veggiola passar sí dolce et ria
che l'alma trema per levarsi a volo,
tal d'armati sospir' conduce stuolo
questa bella d'Amor nemica, et mia.

Ben s'i' non erro di pietate un raggio
scorgo fra 'l nubiloso, altero ciglio,
che 'n parte rasserena il cor doglioso:

allor raccolgo l'alma, et poi ch'i' aggio
di scovrirle il mio mal preso consiglio,
tanto gli ò a dir, che 'ncominciar non oso.

(CLXIX)

Im Traum versunken, der vom Weg mich bringt,
daß ich, die Menschen fliehend, einsam schreite,
ich oft mir selbst im Sinnen ganz entgleite
und jene suche, die zur Flucht mich zwingt.

Ich seh vorbei sie gehn, so süß und kalt,
daß sich die Seele zitternd will erheben,
so ist von Waffen gänzlich sie umgeben,
die meine Liebe stets mit Haß vergalt.

Doch plötzlich scheint mir, daß ein Strahl sich lenkt
von Mitleid zu mir unter jener Braue,
der mich beglückt, indes mein Herz noch klagt.

Gleich faßt die Seele sich, daß sie bedenkt,
wie sie ihr Leid zu sagen sich getraue,
doch ist's so viel, daß mir das Wort versagt.

(169)

Per mezz'i boschi inhospiti et selvaggi,
onde vanno a gran rischio uomini et arme,
vo securo io, ché non pò spaventarme
altri che 'l sol ch'à d'amor vivo i raggi;

et vo cantando (o penser' miei non saggi!)
lei che 'l ciel non poria lontana farme,
ch'i' l'ò negli occhi, et veder seco parme
donne et donzelle, et sono abeti et faggi.

Parme d'udirla, udendo i rami et l'òre
et le frondi, et gli augei lagnarsi, et l'acque
mormorando fuggir per l'erba verde.

Raro un silentio, un solitario horrore
d'ombrosa selva mai tanto mi piacque:
se non che dal mio sol troppo si perde.

(CLXXVI)

In dunklen Wäldern, tief und ungeheuer,
wo selbst Bewaffnete den Mut verlören,
geh sicher ich, den sonst nichts kann verstören
als meiner Sonne Strahlen, Amors Feuer.

Ich geh im Wahn und singe ohne Ziel
von der, die in mir meine Augen schauen.
Sie steht vor mir inmitten ihrer Frauen,
doch ist es nur der Bäume Schattenspiel.

Sie scheint mir nah, wenn Zweig und Lüfte trauern,
die Vögel klagen und das Laub sich regt,
die Wasser murmeln, dort am grünen Rain.

Nie hat ein Schweigen, einsames Erschauern
von dunklen Schatten so mein Herz erregt.
Doch allzu fern ist meiner Sonne Schein.

(176)

Mille piagge in un giorno et mille rivi
mostrato m'à per la famosa Ardenna
Amor, ch'a' suoi le piante e i cori impenna
per fargli al terzo ciel volando ir vivi.

Dolce m'è sol senz'arme esser stato ivi,
dove armato fier Marte, et non acenna,
quasi senza governo et senza antenna
legno in mar, pien di penser' gravi et schivi.

Pur giunto al fin de la giornata oscura,
rimembrando ond'io vegno, et con quai piume,
sento di troppo ardir nascer paura.

Ma 'l bel paese e 'l dilectoso fiume
con serena accoglienza rassecura
il cor già vòlto ov'abita il suo lume.

(CLXXVII)

Wie viele Berge der Ardennen lagen
und Flüsse vor mir heut und gingen,
dem Herz und Fuß beflügeln Amors Schwingen,
die uns hinauf zum dritten Himmel tragen.

Süß ist es, schutzlos hier gegangen sein,
wo Mars bewaffnet wütet, tötet, haßt,
Schiff ohne Ruder ich und ohne Mast,
schwer von Gedanken, flüchtig und allein.

Doch hier nun, an des dunklen Tages Rand,
woher ich kam bedenkend, was mich trieb,
fühl ich, wie Angst gebärt der Sehnsucht Brand.

Den Fluß, das schöne Land, den Augen lieb,
grüßt aber schon mein Herz, und Ruhe fand
bei seinem Licht es, das beständig blieb.

(177)

Almo Sol, quella fronde ch'io sola amo,
tu prima amasti, or sola al bel soggiorno
verdeggia, et senza par poi che l'addorno
suo male et nostro vide in prima Adamo.

Stiamo a mirarla: i' ti pur prego et chiamo,
o Sole; et tu pur fuggi, et fai d'intorno
ombrare i poggi, et te ne porti il giorno,
et fuggendo mi toi quel ch'i' piú bramo.

L'ombra che cade da quel' humil colle,
ove favilla il mio soave foco,
ove 'l gran lauro fu picciola verga,

crescendo mentr'io parlo, agli occhi tolle
la dolce vista del beato loco,
ove 'l mio cor co la sua donna alberga.

(CLXXXVIII)

Apoll, dies Laub, das einzig ich umworben,
das du geliebt, in schöner Einsamkeit
grünt es allein und ohnegleichen, seit
einst Adam sah, was ihn und uns verdorben.

Halt ein und laß uns schaun: ich rufe, flehe,
o Sonne, doch du fliehst. Schon läßt du hier
die Hügel dunkeln, führst den Tag mit dir,
nahmst fliehend mir, wonach ich schier vergehe.

Im Schatten, fallend auf das Hügelland
– ein Funken war mein sanftes Feuer dort,
der große Lorbeer dort ein zartes Reis –,

der wächst, indes ich spreche, mir entschwand
der Augen süßes Bild, der sel'ge Ort,
wo sich mein Herz bei seiner Herrin weiß.

(188)

Passa la nave mia colma d'oblio
per aspro mare, a mezza notte il verno,
enfra Scilla et Caribdi; et al governo
siede 'l signore, anzi 'l nimico mio.

A ciascun remo un penser pronto et rio
che la tempesta e 'l fin par ch'abbi a scherno;
la vela rompe un vento humido eterno
di sospir', di speranze et di desio.

Pioggia di lagrimar, nebbia di sdegni
bagna et rallenta le già stanche sarte,
che son d'error con ignorantia attorto.

Celansi i duo mei dolci usati segni;
morta fra l'onde è la ragion et l'arte,
tal ch'incomincio a desperar del porto.

(CLXXXIX)

Mein Schiff geht schwer von des Vergeßnen Last
durch wüstes Wintermeer um Mitternacht.
Mir droht der Scylla, der Charybdis Macht,
am Steuer sitzt mein Herr, er, der mich haßt.

Böse Gedanken schnell die Ruder schlagen,
die nur nach Sturm und Tod begierig sind,
das Segel reißt im ewig feuchten Wind
von Seufzen, Hoffen, grenzenlosem Klagen.

Ein Tränenguß, Verachtungsnebel streichen,
bedrängen den schon müd geword'nen Mast,
um den sich Irrtum und Verwirrung winden.

Fort sind die altvertrauten süßen Zeichen,
Vernunft und Kunst hat schon der Tod erfaßt.
Wann werd ich jemals meinen Hafen finden?

(189)

Beato in sogno et di languir contento,
d'abbracciar l'ombre et seguir l'aura estiva,
nuoto per mar che non à fondo o riva,
solco onde, e 'n rena fondo, et scrivo in vento;

e 'l sol vagheggio, sí ch'elli à già spento
col suo splendor la mia vertú visiva,
et una cerva errante et fugitiva
caccio con un bue zoppo e 'nfermo et lento.

Cieco et stanco ad ogni altro ch'al mio danno
il qual dí et notte palpitando cerco,
sol Amor et madonna, et Morte, chiamo.

Cosí venti anni, grave et lungo affanno,
pur lagrime et sospiri et dolor merco:
in tale stella presi l'ésca et l'amo.

(CCXII)

Selig im Träumen, Sehnen wie ein Kind,
den Schatten hold, der Lüfte Geisterhand,
schwimm ich in Meeren ohne Grund und Strand,
pflüg Wasser, bau auf Sand, schreib in den Wind.

Die Sonne lieb ich so, daß die Gewalt
der Strahlen mir das Augenlicht versehrt,
ein schönes Wild, das ich zu sehr begehrt,
mit einem Ochsen jag ich, lahm und alt.

Blind ich und müd, nur mir zu schaden nicht,
danach ich Tag und Nacht begierig trachte,
ruft Herrin, Amor, Tod nur mein Verlangen;

so langen Kummer, der das Herz mir bricht,
und Tränen, Seufzen nur die Zeit mir brachte,
seit ich in ihren Schlingen mich gefangen.

(212)

O cameretta, che già fosti un porto
a le gravi tempeste mie dïurne,
fonte se' or di lagrime nocturne,
che 'l dí celate per vergogna porto.

O letticciol, che requie eri et conforto
in tanti affanni, di che dogliose urne
ti bagna Amor, con quelle mani eburne,
solo ver' me crudeli a sí gran torto!

Né pur il mio secreto, e 'l mio riposo
fuggo, ma piú me stesso, e 'l mio pensero,
che, seguendol, talor levommi a volo;

e 'l vulgo a me nemico e odïoso
(chi 'l pensò mai?) per mio refugio chero:
tal paura ò di ritrovarmi solo.

(CCXXXIV)

Geliebte Kammer, die mir Zuflucht schenkte
einst nach den Stürmen, die der Tag gebracht,
jetzt Quell der Tränen in verschwiegner Nacht,
die tags ich schamvoll tief in mir versenkte,

Bett, wo ich Trost und süße Ruhe fand
in meinem Kummer, welche Schmerzensflut
gießt Amor über dich in seiner Wut,
grundlos und grausam mit so zarter Hand.

Doch mehr als Zuflucht und ersehnte Rast
flieh ich mich selbst, mein ruheloses Denken,
das mich so oft erhob in früherer Zeit;

zum Pöbel, den ich hasse, der mich haßt,
will ich – ist's möglich! – jetzt die Schritte lenken,
so ist mir angst in meiner Einsamkeit.

(234)

Non à tanti animali il mar fra l'onde,
né lassú sopra 'l cerchio de la luna
vide mai tante stelle alcuna notte,
né tanti augelli albergan per li boschi,
né tant'erbe ebbe mai campo né piaggia,
quant'à 'l mio cor pensier' ciascuna sera.

Di dí in dí spero ormai l'ultima sera
che scevri in me dal vivo terren l'onde
et mi lasci dormire in qualche piaggia,
ché tanti affanni uom mai sotto la luna
non sofferse quant'io: sannolsi i boschi,
che sol vo ricercando giorno et notte.

Io non ebbi già mai tranquilla notte,
ma sospirando andai matino et sera,
poi ch'Amor femmi un cittadin de' boschi.
Ben fia, prima ch'i' posi, il mar senz'onde,
et la sua luce avrà 'l sol da la luna,
e i fior' d'april morranno in ogni piaggia.

Consumando mi vo di piaggia in piaggia
el dí pensoso, poi piango la notte;
né stato ò mai, se non quanto la luna.
Ratto come imbrunir veggio la sera,
sospir' del petto, et de li occhi escono onde
da bagnar l'erbe, et da crollare i boschi.

So viele Fische leben nicht im Meer,
noch sah ich je am Himmel überm Mond
so viele Sterne in der dunklen Nacht,
noch so viel Vögel bergen tiefe Wälder
und so viel Gräser je auf Feld und Hügel,
als ich Gedanken trage jeden Abend.

Von Tag zu Tag hoff auf den letzten Abend
ich, der in mir die Erde trennt vom Meer,
mich schlafen läßt auf irgendeinem Hügel,
denn solchen Kummer niemand unterm Mond
noch je erlitt, dies wissen meine Wälder,
die ich allein durchwandre Tag und Nacht.

Ich hatte nie noch eine ruhige Nacht,
am Morgen ging ich seufzend und am Abend,
durch Amor wurde Bürger ich der Wälder.
Bevor ich ruh, ist wellenlos das Meer,
erhält die Sonn' ihr Licht geschenkt vom Mond,
wird im April verdorrn der Blumenhügel.

Ich geh von einem fort zum andern Hügel,
am Tage trauernd, wein ich in der Nacht
und hab so viel Bestand wie dort der Mond:
Kaum seh ich, daß sich dunkler färbt der Abend,
entstürzt den Augen mir ein Tränenmeer,
das Gras zu überschwemmen, ja die Wälder.

Le città son nemiche, amici i boschi,
a' miei pensier', che per quest'alta piaggia
sfogando vo col mormorar de l'onde,
per lo dolce silentio de la notte:
tal ch'io aspetto tutto 'l dí la sera,
che 'l sol si parta et dia luogo a la luna.

Deh or foss'io col vago de la luna
adormentato in qua' che verdi boschi,
et questa ch'anzi vespro a me fa sera,
con essa et con Amor in quella piaggia
sola venisse a starsi ivi una notte;
e 'l dí si stesse e 'l sol sempre ne l'onde.

Sovra dure onde, al lume de la luna
canzon nata di notte in mezzo i boschi,
ricca piaggia vedrai deman da sera.

(CCXXXVII)

Die Städte sind mir feind und lieb die Wälder,
wenn in Gedanken ich am Rand der Hügel
begleitet bin vom leisen Wellenmeer
und schweigend mich umgibt die süße Nacht.
So sehn ich jeden Tag mich nach dem Abend
und daß der Sonne folg der stille Mond.

O könnt ich doch, wenn sanft verströmt der Mond,
hier schlafen in dem Schoß der grünen Wälder,
und jene, die zu früh mir bringt den Abend,
gefolgt von Mond und Amor auf den Hügel,
käm' zu mir einmal nur allein zur Nacht,
und ewig bleiben Tag und Sonn' im Meer.

Auf harten Wellen und wenn hell der Mond,
mein Lied, geboren in der Nacht der Wälder,
wirst du ein schönes Land erblicken morgen abend.

(237)

Fresco, ombroso, fiorito et verde colle,
ov'or pensando et or cantando siede,
et fa qui de' celesti spirti fede,
quella ch'a tutto 'l mondo fama tolle:

il mio cor che per lei lasciar mi volle
(et fe' gran senno, et piú se mai non riede)
va or contando ove da quel bel piede
segnata è l'erba, et da quest'occhi è molle.

Seco si stringe, et dice a ciascun passo:
Deh fusse or qui quel miser pur un poco,
ch'è già di pianger et di viver lasso!

Ella sel ride, et non è pari il gioco:
tu paradiso, i' senza cor un sasso,
o sacro, aventuroso et dolce loco.

(CCXLIII)

Du grüner Hügel, blüten-, schattenreich,
Ort, wo sie einsam ruht und sinnt und singt
und uns vom Himmel hier schon Kunde bringt,
der keine sonst an Ruhm und Schönheit gleich,

mein Herz, das mich verließ und sie nur schaut,
und dies ist gut und besser, wenn es bleibt,
erzählt nun, wo ihr schöner Fuß beschreibt
das Gras, von meiner Augen Naß betaut;

es drängt sich her und sagt bei jedem Schritt:
Säh' dich der Arme nur, und wär's nicht viel,
der müde schon von dem, was er erlitt;

sie lacht dabei, und ungleich ist das Spiel:
Du Paradies, ich ohne Herz Granit,
o heilig-wunderbares, süßes Ziel.

(243)

Qual paura ò, quando mi torna a mente
quel giorno ch'i' lasciai grave et pensosa
madonna, e 'l mio cor seco! et non è cosa
che sí volentier pensi, et sí sovente.

I' la riveggio starsi humilemente
tra belle donne, a guisa d'una rosa
tra minor' fior', né lieta né dogliosa,
come chi teme, et altro mal non sente.

Deposta avea l'usata leggiadria,
le perle et le ghirlande e i panni allegri,
e 'l riso e 'l canto e 'l parlar dolce humano.

Cosí in dubbio lasciai la vita mia:
or tristi auguri, et sogni et penser' negri
mi dànno assalto, et piaccia a Dio che 'nvano.

(CCXLIX)

Wie bang ist mir, muß ich vor Augen sehen
den letzten Tag, als sie bedrückt und still
zurückblieb wie mein Herz. Doch immer will
mein Sinn sich einzig um dies eine drehen.

Ich seh sie stehen wie in ärmrem Flor
die Rose, hingeneigt zu ihren Frauen,
nicht freudig, leidend nicht, so anzuschauen,
wie wer sich fürchtet und weiß nicht wovor.

Die alte Anmut schmückte sie nicht mehr,
die Perlen, Kränze, bunte Seidenpracht,
das Lachen, Singen, süßer Redefluß.

Mein Leben ist von trüber Ahnung schwer,
mich schreckt der Träume, der Gedanken Nacht.
Geb Gott, daß ich umsonst mich ängsten muß.

(249)

II. Teil

Gedichte an
Madonna Laura in morte

I' vo pensando, et nel penser m'assale
una pietà sí forte di me stesso,
che mi conduce spesso
ad altro lagrimar ch'i' non soleva:
ché, vedendo ogni giorno il fin piú presso,
mille fïate ò chieste a Dio quell'ale
co le quai del mortale
carcer nostro intelletto al ciel si leva.
Ma infin a qui nïente mi releva
prego o sospiro o lagrimar ch'io faccia:
e cosí per ragion conven che sia,
ché chi, possendo star, cadde tra via,
degno è che mal suo grado a terra giaccia.
Quelle pietose braccia
in ch'io mi fido, veggio aperte anchora,
ma temenza m'accora
per gli altrui exempli, et del mio stato tremo,
ch'altri mi sprona, et son forse a l'extremo.

L'un penser parla co la mente, et dice:
– Che pur agogni? onde soccorso attendi?
Misera, non intendi
con quanto tuo disnore il tempo passa?
Prendi partito accortamente, prendi;
e del cor tuo divelli ogni radice
del piacer che felice
nol pò mai fare, et respirar nol lassa.
Se già è gran tempo fastidita et lassa
se' di quel falso dolce fugitivo

Wenn die Gedanken mir ins Innere dringen,
mein Herz mit mir oft solches Mitleid spürt,
daß es mich tiefer führt
und anders jetzt der Schmerz in mir erbebt.
Da schon mein Leben fast den Rand berührt,
fleh ich so oft zu Gott um jene Schwingen,
durch die den Erdendingen
der Geist empor zum Himmel sich enthebt.
Vergeblich hab ich noch danach gestrebt,
kein Beten, Seufzen, Weinen hilft dem Armen,
und es ist gut, daß es sich so verhält.
Denn wer des Gehens mächtig selber fällt,
der braucht am Boden liegend kein Erbarmen.
Mit liebevollen Armen
seh den Erlöser ich noch vor mir stehen,
doch muß ich weitergehen.
Denk der Verlorenen ich, faßt mich Entsetzen.
Mich wird mein Herr, die Lust, zu Tode hetzen.

Und ein Gedanke spricht zu meinem Geist:
Was sehnst du dich, nach welcher Hoffnung Licht?
Weißt, Armer, du es nicht,
mit wieviel Schmach dir deine Zeit vergeht?
Komm zu dir, fasse dich mit Zuversicht,
daß du vom Herzen alle Wurzeln reißt
der Lust, die nur verheißt
und ihm sein Glück und seine Ruhe nimmt.
Wenn dich so lang schon matt und mißgestimmt
die Süße macht, die nur der Narr so nennt

che ’l mondo traditor può dare altrui,
a che ripon’ piú la speranza in lui,
che d’ogni pace et di fermezza è privo?
Mentre che ’l corpo è vivo,
ài tu ’l freno in bailia de’ penser’ tuoi:
deh stringilo or che pôi,
ché dubbioso è ’l tardar come tu sai,
e ’l cominciar non fia per tempo omai.

Già sai tu ben quanta dolcezza porse
agli occhi tuoi la vista di colei
la qual ancho vorrei
ch’a nascer fosse per piú nostra pace.
Ben ti ricordi, et ricordar te ’n dêi,
de l’imagine sua quand’ella corse
al cor, là dove forse
non potea fiamma intrar per altrui face:
ella l’accese; et se l’ardor fallace
durò molt’anni in aspectando un giorno,
che per nostra salute unqua non vène,
or ti solleva a piú beata spene,
mirando ’l ciel che ti si volve intorno,
immortal et addorno:
ché dove, del mal suo qua giú sí lieta,
vostra vaghezza acqueta
un mover d’occhi, un ragionar, un canto,
quanto fia quel piacer, se questo è tanto? –

Da l’altra parte un pensier dolce et agro,
con faticosa et dilectevol salma

und die die Welt verräterisch dir schenkt,
wie kommt es, daß sie deine Hoffnung lenkt,
da sie doch Frieden nicht noch Dauer kennt?
Solang noch Leben brennt
im Körper, muß die Zügel er dir lassen.
Noch kannst du sie erfassen.
Zu spät ist's leicht, bist du einmal bereit.
Und der Beginn ist niemals vor der Zeit.

Du weißt es wohl, daß dir wie süßer Wein
ihr Anblick war, den deine Augen tranken.
Ich würd dem Himmel danken,
hätt uns zum Glück er niemals sie gesandt.
Noch ist dir nah und bleibt es in Gedanken
das schöne Bild, das dir ins Herz hinein
drang, dorthin, wo allein
wohl eine Flamme nur den Weg sich fand,
die setzt's in Feuer, doch wenn solcher Brand
jahrelang dich narrte in der Tage Tanz
und doch der Tag nie kam zu deinem Heil,
so richte höher deiner Hoffnung Pfeil,
sieh, wie der Himmel sich dir öffnet ganz,
unsterblich und voll Glanz.
Wo doch von seinem Elend noch entzückt
dein Sehnen sich beglückt
an Augenwink, Gesang, an ihrem Wort,
oh, welche Seligkeit gewinnst du dort.

Doch ein Gedanke, süß und schmerzensreich,
der, mühebringend, voller Lieblichkeit,

sedendosi entro l'alma,
preme 'l cor di desio, di speme il pasce;
che sol per fama gloriosa et alma
non sente quand'io agghiaccio, o quand'io flagro,
s'i' son pallido o magro;
et s'io l'occido piú forte rinasce.
Questo d'allor ch'i' m'addormiva in fasce
venuto è di dí in dí crescendo meco,
e temo ch'un sepolcro ambeduo chiuda.
Poi che fia l'alma de le membra ignuda,
non pò questo desio piú venir seco;
ma se 'l latino e 'l greco
parlan di me dopo la morte, è un vento:
ond'io, perché pavento
adunar sempre quel ch'un'ora sgombre,
vorre' 'l ver abbracciar, lassando l'ombre.

Ma quell'altro voler di ch'i' son pieno,
quanti press'a lui nascon par ch'adugge;
e parte il tempo fugge
che, scrivendo d'altrui, di me non calme;
e 'l lume de' begli occhi che mi strugge
soavemente al suo caldo sereno,
mi ritien con un freno
contra chui nullo ingegno o forza valme.
Che giova dunque perché tutta spalme
la mia barchetta, poi che 'nfra li scogli
è ritenuta anchor da ta' duo nodi?
Tu che dagli altri, che 'n diversi modi

die Seele mir entzweit,
bedrängt das Herz und gibt der Hoffnung Sporen,
daß es nach Ruhm allein verlangt und schreit.
Ob ich Eis oder Feuer ist ihm gleich,
ob mager, totenbleich,
getötet kaum, ist er schon neugeboren.
Der kam zu mir, als ich im Traum verloren,
und hat seither an Kraft nur zugenommen.
Ich fürcht, es wird ein Grab uns beide fassen,
denn wenn die Seele ihren Leib verlassen,
so kann dies Sehnen nimmer mit ihr kommen.
Was aber soll mir frommen,
ist Griechen, Römern einst mein Werk vertraut.
Darum, weil es mir graut,
muß ich mit leeren Händen mich verlassen,
will ich den Schatten fliehn, die Wahrheit fassen.

Im Innern wohnt mir aber ein Verlangen,
das jeden andern Willen mir verwehrt,
daß sich die Zeit verzehrt,
indes im Schreiben sich mein Geist entzweit.
Als ihre Augen sich mir zugekehrt
und sie so süß mich und so warm durchdrangen,
nahm sie mich so gefangen,
daß keine Macht mich, keine List befreit.
Was nützt es, daß zur Ausfahrt schon bereit
mein Schiffchen, wenn in Klippen es noch hält
ein Paar von edeln, allzu festen Tauen.
Du, der die vielen Bande mir durchhauen,

legano 'l mondo, in tutto mi disciogli,
Signor mio, ché non togli
omai dal volto mio questa vergogna?
Ché 'n guisa d'uom che sogna
aver la morte inanzi gli occhi parme;
et vorrei far difesa, et non ò l'arme.

Quel ch'i' fo veggio, et non m'inganna il vero
mal conosciuto, anzi mi sforza Amore,
che la strada d'onore
mai nol lassa seguir, chi troppo il crede;
et sento ad ora ad or venirmi al core
un leggiadro disdegno aspro et severo
ch'ogni occulto pensero
tira in mezzo la fronte, ov'altri 'l vede:
ché mortal cosa amar con tanta fede
quanta a Dio sol per debito convensi,
piú si disdice a chi piú pregio brama.
Et questo ad alta voce ancho richiama
la ragione svïata dietro ai sensi;
ma perch'ell'oda, et pensi
tornare, il mal costume oltre la spigne,
et agli occhi depigne
quella che sol per farmi morir nacque,
perch'a me troppo, et a se stessa, piacque.

Né so che spatio mi si desse il cielo
quando novellamente io venni in terra
a soffrir l'aspra guerra
che 'ncontra me medesmo seppi ordire;

mit denen sonst gebunden ist die Welt,
wenn dir's, mein Herr, gefällt,
nimm mir die Schande weg, die mich bedeckt.
Denn wie bei jemand, den der Traum erschreckt,
so steht der Tod vor mir, mich wegzuraffen.
Ich will mich wehren und bin ohne Waffen.

Ich sehe, was ich tu, kein Trug mich lenkt.
Mich macht die Liebe krank, die ich begehre
und die den Weg der Ehre
nie gehen läßt, wer ihr zu sehr vertraut.
Oft fühl ich, wie in meines Herzens Leere
sich streng und bitter die Verachtung senkt,
die, was verborgen denkt,
in mir hervorzieht, daß es jeder schaut.
Denn wer auf diese Welt so gläubig baut,
wie es Gott, unserm Herrn allein gebührt,
befleckt sich seinen Ruhm mit eigener Hand.
Mit lauter Stimme ruft sie den Verstand,
der sich verlor, vom Sinnenglück verführt,
doch wenn er Reue spürt,
so zwingt das Übel ihn zum Weitergehen
und macht die Augen sehen
sie, die zu meinem Tod kam auf die Welt,
weil sie mir allzusehr und sich gefällt.

Ich weiß nicht, wieviel Zeit mir anvertraut
der Himmel, als die Mutter mich entbunden
und ich mit so viel Wunden
die Seele wußte selbst mir zu versehren.

né posso il giorno che la vita serra
antiveder per lo corporeo velo;
ma varïarsi il pelo
veggio, et dentro cangiarsi ogni desire.
Or ch'i' mi credo al tempo del partire
esser vicino, o non molto da lunge,
come chi 'l perder face accorto et saggio,
vo ripensando ov'io lassai 'l vïaggio
da la man destra, ch'a buon porto aggiunge:
et da l'un lato punge
vergogna et duol che 'ndietro mi rivolve;
dall'altro non m'assolve
un piacer per usanza in me sí forte
ch'a patteggiar n'ardisce co la morte.

Canzon, qui sono, ed ò 'l cor via piú freddo
de la paura che gelata neve,
sentendomi perir senz'alcun dubbio:
ché pur deliberando ò vòlto al subbio
gran parte omai de la mia tela breve;
né mai peso fu greve
quanto quel ch'i' sostengo in tale stato:
ché co la morte a lato
cerco del viver mio novo consiglio,
et veggio 'l meglio, et al peggior m'appiglio.

(CCLXIV)

Doch niemand, der die letzte seiner Stunden
durch seines Körpers Schleier je erschaut.
Ich seh, wie Haar und Haut
sich ändern und im Innern das Begehren.
Nun, da den Augenblick, um heimzukehren,
ich nahe schon und näher noch verspürt,
wie einer, der durch Schmerz und Reue weise,
denk ich und sinne, wie bei meiner Reise
vom Kurs ich kam, der in den Hafen führt.
Auf einer Seite rührt
mich Scham und Trauer, die mich rückwärtstreiben,
dagegen heißt mich bleiben
die Lust, die mich so lang schon hält als Knecht,
daß sie dem Tod zu trotzen sich erfrecht.

So bin ich, Lied, der Schnee ist nicht so kalt
wie dieses Herz, das jetzt vor Furcht erbebt,
wo meine Lebensfrist schon fast verronnen.
Noch immer zögernd hab ich bald versponnen
die Fäden, daraus sich mein Schicksal webt.
Nie trug, wer je gelebt,
so schwere Last wie ich in meiner Not,
da, neben mir der Tod,
ich Rat mir suche, wie ich besser lebe,
das Gute schaue und zum Bösen strebe.

(264)

Se lamentar augelli, o verdi fronde
mover soavemente a l'aura estiva,
o roco mormorar di lucide onde
s'ode d'una fiorita et fresca riva,

là 'v'io seggia d'amor pensoso et scriva,
lei che 'l ciel ne mostrò, terra n'asconde,
veggio, et odo, et intendo ch'anchor viva
di sí lontano a' sospir' miei risponde.

»Deh, perché inanzi 'l tempo ti consume?
– mi dice con pietate – a che pur versi
degli occhi tristi un doloroso fiume?

Di me non pianger tu, ché' miei dí fersi
morendo eterni, et ne l'interno lume,
quando mostrai de chiuder, gli occhi apersi.«

(CCLXXIX)

Wenn Vögel klagen man und grünes Beben
des Laubes hört in sanfter Sommerluft,
der Wellen leuchtendes und dunkles Leben
am frischen Ufer unter Blütenduft,

wo ich auch sitze, schreibe, trauend sinne,
sie, die der Himmel gab, die Erde nahm,
ich sehe, höre sie, bin ihrer inne,
von der aus solcher Ferne Trost mir kam.

– Was ist's, das vor der Zeit dein Herz dir bricht? –
sagt sie mir mitleidsvoll, – warum entsprangen
zwei bittre Quellen dir und trocknen nicht?

Wein nicht um mich; seit mich der Tod umfangen,
schau ich die Ewigkeit. Zum innern Licht
sind meine Augen mir jetzt aufgegangen. –

(279)

Gli occhi di ch'io parlai sí caldamente,
et le braccia et le mani e i piedi e 'l viso,
che m'avean sí da me stesso diviso,
et fatto singular da l'altra gente;

le crespe chiome d'òr puro lucente
e 'l lampeggiar de l'angelico riso,
che solean fare in terra un paradiso,
poca polvere son, che nulla sente.

Et io pur vivo, onde mi doglio et sdegno,
rimaso senza 'l lume ch'amai tanto,
in gran fortuna e 'n disarmato legno.

Or sia qui fine al mio amoroso canto:
secca è la vena de l'usato ingegno,
et la cetera mia rivolta in pianto.

(CCXCII)

Die Augen, deren ich so sehr gedacht,
die Arme, Hände, Füße, das Gesicht,
die einst mir raubten meines Herzens Licht
und mich den Menschen scheu und fremd gemacht,

die Haare, deren Gold mich so geblendet,
des engelsgleichen Lachens sanfter Blitz,
auf Erden meines Paradieses Sitz,
sind nur noch Staub, zu dem kein Blick sich wendet.

Ich lebe, der ich trauernd mich verachte,
von meinem Licht verlassen gehn die Tage
im Sturm, der meinem Schiff Verderben brachte.

Hier nehm ein Ende, was ich liebend sage,
versiegt der Quell, der mich zum Dichter machte,
jetzt tönt die Leier nur von meiner Klage.

(292)

Quand'io mi volgo indietro a mirar gli anni
ch'ànno fuggendo i miei penseri sparsi,
et spento 'l foco ove agghiacciando io arsi,
et finito il riposo pien d'affanni,

rotta la fe' degli amorosi inganni,
et sol due parti d'ogni mio ben farsi,
l'una nel cielo et l'altra in terra starsi,
et perduto il guadagno de' miei damni,

i' mi riscuoto, et trovomi sí nudo,
ch'i' porto invidia ad ogni extrema sorte:
tal cordoglio et paura ò di me stesso.

O mia stella, o Fortuna, o Fato, o Morte,
o per me sempre dolce giorno et crudo,
come m'avete in basso stato messo!

(CCXCVIII)

Wenn ich betrachte meines Lebens Dauer,
der Jahre Flucht und wie ich mich verlor,
das Feuer sank, in dem ich glühend fror,
die Ruhe schwand der regungslosen Trauer,

wie Liebeswahn und Hoffen mir erstorben,
wie in zwei Teile uns der Tod geteilt
– auf Erden dieser, der im Himmel weilt –,
wie ich verlor, was ich so schwer erworben,

dann schreck ich hoch und berge mein Gesicht
und neide noch dem Ärmsten seine Not,
so bin von Angst und Schmerz ich übermannt.

Mein Stern, mein Los, o ihr, Geschick und Tod,
o unerbittliches und süßes Licht,
in welche Tiefe habt ihr mich verbannt!

(298)

Valle che de' lamenti miei se' piena,
fiume che spesso del mio pianger cresci,
fere selvestre, vaghi augelli et pesci,
che l'una et l'altra verde riva affrena,

aria de' miei sospir' calda et serena,
dolce sentier che sí amaro rïesci,
colle che mi piacesti, or mi rincresci,
ov'anchor per usanza Amor mi mena:

ben riconosco in voi l'usate forme,
non, lasso, in me, che da sí lieta vita
son fatto albergo d'infinita doglia.

Quinci vedea 'l mio bene; et per queste orme
torno a vedere ond'al ciel nuda è gita,
lasciando in terra la sua bella spoglia.

(CCCI)

Tal, das noch widerhallt von meinen Klagen,
Fluß, übervoll von meinen Tränen, und
ihr Tiere, Vögel, Fische dort im Grund,
umringt von Wäldern, die zum Himmel ragen,

Luft, die erwärmt und hell mein Atmen spürt,
vertrauter Weg, den ich nun traurig gehe,
du schöner Hügel, wo ich einsam stehe
und wohin Amor mich wie einst geführt,

ihr seid euch gleich, ihr altvertrauten Fluren,
ich bin mir fremd, ach, dem sein Glück zerstob
und den zur Wohnung nahm das bittre Leid.

Von hier sah ich mein Glück, auf diesen Spuren
kehr ich zurück. Dort ist's, wo sich erhob
die Seele und verließ ihr schönes Kleid.

(301)

Né per sereno ciel ir vaghe stelle,
né per tranquillo mar legni spalmati,
né per campagne cavalieri armati,
né per bei boschi allegre fere et snelle;

né d'aspettato ben fresche novelle
né dir d'amore in stili alti et ornati
né tra chiare fontane et verdi prati
dolce cantare honeste donne et belle;

né altro sarà mai ch'al cor m'aggiunga,
sí seco il seppe quella sepellire
che sola agli occhi miei fu lume et speglio.

Noia m'è 'l viver sí gravosa et lunga
ch'i' chiamo il fine, per lo gran desire
di riveder cui non veder fu 'l meglio.

(CCCXII)

Kein Irrstern, der am heit'ren Himmel zieht,
kein Schiff, entgleitend durch ein stilles Meer,
das Feld durchstreifend nicht ein Reiterheer,
kein Wild, das leicht durch schöne Wälder flieht,

die frische Nachricht von erhofften Dingen,
in hohem Schwung ein liebendes Gedicht,
an klarem Quell auf grünem Teppich nicht
von stolzen, schönen Frauen süßes Singen,

nichts sonst, was je mein Herz erfreuen soll,
von dem sie fest und wie ein Grab umfangen,
die meiner Augen Licht war, mein Geschick,

Mein Leben ist so schwer und kummervoll,
im Tod ihr nah zu sein, ist mein Verlangen;
ach, wär' ich nie verfallen ihrem Blick.

(312)

Sento l'aura mia anticha, e i dolci colli
veggio apparire, onde 'l bel lume nacque
che tenne gli occhi mei mentr'al ciel piacque
bramosi et lieti, or li tèn tristi et molli.

O caduche speranze, o penser' folli!
Vedove l'erbe et torbide son l'acque,
et vòto et freddo 'l nido in ch'ella giacque,
nel qual io vivo, et morto giacer volli,

sperando alfin, da le soavi piante
et da' belli occhi suoi, che 'l cor m'ànn'arso,
riposo alcun de le fatiche tante.

Ò servito a signor crudele et scarso:
ch'arsi quanto 'l mio foco ebbi davante,
or vo piangendo il suo cenere sparso.

(CCCXX)

Ich fühle alten Hauch, schon kommt das Meer
der Hügel sanft, der Ort, wo einst ich fand
das schöne Licht, vom Himmel mir gesandt,
der Augen Lust, die jetzt so feucht und schwer.

O leeres Hoffen, Wahn und Angedenken,
verwitwet ist das Gras und trüb die Quelle
und leer und kalt, da einst sie lag, die Stelle,
ich lebend, wo das Grab mich sollt' versenken.

Da hätt' ein sanftes Grün mein Los gewendet,
und ein Paar Augen, das mein Herz verbrannt,
hätt' meines Lebens Mühsal mir beendet.

Hart war und karg der Herr, den ich gekannt,
da brennend ich, mein Feuer mich geblendet,
nun ist es Asche, ach, auf ödem Sand.

(320)

È questo 'l nido in che la mia fenice
mise l'aurate et le purpuree penne,
che sotto le sue ali il mio cor tenne,
et parole et sospiri ancho ne elice?

O del dolce mio mal prima radice,
ov'è il bel viso onde quel lume venne
che vivo et lieto ardendo mi mantenne?
Sol' eri in terra; or se' nel ciel felice.

Et m'ài lasciato qui misero et solo,
talché pien di duol sempre al loco torno
che per te consecrato honoro et còlo;

veggendo a' colli oscura notte intorno
onde prendesti al ciel l'ultimo volo,
et dove li occhi tuoi solean far giorno.

(CCCXXI)

Ist dies das Nest, wo, die mir Phönix heißt,
der Federn Gold und Purpur niederschlug,
die meine Seele unterm Flügel trug,
der sie mein Klagewort noch jetzt entreißt?

O erster Grund der Qual, die mich entzückt,
wo ist die Schönheit, der das Licht entfloß,
das ich, verbrennend, heiter doch genoß,
hier Sonne, jetzt im Himmel hochbeglückt?

Du ließt mich elend hier in Einsamkeit,
daß stets die Trauer zu dem Ort mich lenkt,
den ich verehre, pflege, dir geweiht,

wenn sich die Nacht schon auf die Hügel senkt,
wo deine Seele einst zum Flug bereit
und deine Augen mir den Tag geschenkt.

(321)

Mia benigna fortuna e 'l viver lieto,
i chiari giorni et le tranquille notti
e i soavi sospiri e 'l dolce stile
che solea resonare in versi e 'n rime,
vòlti subitamente in doglia e 'n pianto,
odiar vita mi fanno, et bramar morte.

Crudele, acerba, inexorabil Morte,
cagion mi dài di mai non esser lieto,
ma di menar tutta mia vita in pianto,
e i giorni oscuri et le dogliose notti.
I mei gravi sospir' non vanno in rime,
e 'l mio duro martir vince ogni stile.

Ove è condutto il mio amoroso stile?
A parlar d'ira, a ragionar di morte.
U' sono i versi, u' son giunte le rime,
che gentil cor udia pensoso et lieto;
ove 'l favoleggiar d'amor le notti?
Or non parl'io, né penso, altro che pianto.

Già mi fu col desir sí dolce il pianto,
che condia di dolcezza ogni agro stile,
et vegghiar mi facea tutte le notti:
or m'è 'l pianger amaro piú che morte,
non sperando mai 'l guardo honesto et lieto,
alto sogetto a le mie basse rime.

Chiaro segno Amor pose a le mie rime
dentro a' belli occhi, et or l'à posto in pianto,

Mein guter Stern, mein Leben hier in Freuden,
die klaren Tage und die stillen Nächte,
das sanfte Leiden und die süße Weise,
der Widerklang in Versen und im Reim,
so plötzlich wichen sie dem Leid, den Klagen,
drum ist das Leben leid mir, süß der Tod.

Grausam und bitter, unerbittlich: Tod!
Du nahmst hinweg mit dir all meine Freuden,
nichts andres ist mein Leben mehr als Klagen,
die Tage dunkel, trauervoll die Nächte.
Mein schweres Seufzen findet keinen Reim,
das Schmerzenswort versteinert meine Weise.

Was wurde meine liebevolle Weise?
Sie spricht von Zorn, sie hadert mit dem Tod.
Wo sind die Verse, und wo ist der Reim,
die einst vernahm in Trauer und in Freuden
mein Herz, wenn es von Liebe sang die Nächte,
nun sing und denk ich andres nicht als Klagen.

Einst war mir im Begehren süß das Klagen,
da sich mit Süße mischt' die bittre Weise
und ich durchwachte so die langen Nächte.
Nun ist mein Klagen bittrer als der Tod,
da nie mehr winken ihres Blickes Freuden,
das hohe Ziel für meinen niedern Reim.

Ein klares Zeichen schenkte meinem Reim
ihr Augenlicht, jetzt bleibt mir nur noch Klagen.

con dolor rimembrando il tempo lieto:
ond'io vo col penser cangiando stile,
et ripregando te, pallida Morte,
che mi sottragghi a sí penose notti.

Fuggito è 'l sonno a le mie crude notti,
e 'l suono usato a le mie roche rime,
che non sanno trattar altro che morte,
cosí è 'l mio cantar converso in pianto.
Non à 'l regno d'Amor sí vario stile,
ch'è tanto or tristo quanto mai fu lieto.

Nesun visse già mai piú di me lieto,
nesun vive piú tristo et giorni et notti;
et doppiando 'l dolor, doppia lo stile
che trae del cor sí lacrimose rime.
Vissi di speme, or vivo pur di pianto,
né contra Morte spero altro che Morte.

Morte m'à morto, et sola pò far Morte
ch'i' torni a riveder quel viso lieto
che piacer mi facea i sospiri e 'l pianto,
l'aura dolce et la pioggia a le mie notti,
quando i penseri electi tessea in rime,
Amor alzando il mio debile stile.

Or avess'io un sí pietoso stile
che Laura mia potesse tôrre a Morte,
come Euridice Orpheo sua senza rime,
ch'i' viverei anchor piú che mai lieto!

Im Schmerz gedenkt die Zeit mir meiner Freuden,
und wechseln muß den Ton drum meine Weise.
Erneut fleh' ich zu dir, o bleicher Tod,
daß du mich rettest aus so bittern Nächten.

Der Schlaf entfloh aus meinen schweren Nächten,
und klanglos irrt umher mein rauher Reim,
der nur den einen noch besingt, den Tod,
so hat mein Singen sich verkehrt in Klagen,
bei Amor wechselt nicht so schnell die Weise,
wo sich die Trauer streitet mit den Freuden.

Nie lebte so wie ich ein Mensch in Freuden,
nie trauriger bei Tag, in langen Nächten,
so wie mein Schmerz vermehrt sich meine Weise,
vom Herzen löst sich tränenvoll mein Reim,
wie einst von Hoffnung leb ich jetzt von Klagen.
Vom Tod errettet einzig mich – der Tod.

Der Tod gab mir den Tod, und nur der Tod
kann mir dies Antlitz schenken dort in Freuden,
das süß mein Seufzen machte und mein Klagen
und Wind und Regen auch in meinen Nächten,
als all mein Sinnen sich verwebt' im Reim
und Amor hochhob meine dürftige Weise.

Wüßt' ich doch solche jammervolle Weise,
daß Laura ich entrisse ihrem Tod.
Eurydike löst' Orpheus ohne Reim.
Gelänge dies mir, lebt' ich stets in Freuden.

S'esser non pò, qualchuna d'este notti
chiuda omai queste due fonti di pianto.

Amor, i' ò molti et molt'anni pianto
mio grave danno in doloroso stile,
né da te spero mai men fere notti;
et però mi son mosso a pregar Morte
che mi tolla di qui, per farme lieto,
ove è colei ch'i' canto et piango in rime.

Se sí alto pòn gir mie stanche rime,
ch'agiungan lei ch'è fuor d'ira et di pianto,
et fa 'l ciel or di sue bellezze lieto,
ben riconoscerà 'l mutato stile,
che già forse le piacque anzi che Morte
chiaro a lei giorno, a me fesse atre notti.

O voi che sospirate a miglior' notti,
ch'ascoltate d'Amore o dite in rime,
pregate non mi sia piú sorda Morte,
porto de le miserie et fin del pianto;
muti una volta quel suo antiquo stile,
ch'ogni uom attrista, et me pò far sí lieto.

Far mi pò lieto in una o 'n poche notti:
e 'n aspro stile e 'n angosciose rime
prego che 'l pianto mio finisca Morte.

(CCCXXXII)

Da mir die Gunst verwehrt, soll von den Nächten
verschließen eine mir den Quell der Klagen.

Amor, ich habe Jahr um Jahr in Klagen
mein Lied verströmt als trauervolle Weise,
kein Hoffen schenkst du meinen schweren Nächten,
darum erflehe jetzt ich meinen Tod,
daß er mich bringe in das Land der Freuden,
wo ich sie finde, nach der ruft mein Reim.

Wenn so hoch steigen kann mein müder Reim,
daß er zu ihr dringt, fern von allen Klagen,
wo ihre Schönheit mehrt des Himmels Freuden,
wird sie erkennen meine neue Weise,
die sie vielleicht schon freute, eh der Tod
den Tag ihr brachte, mir die bitt'ren Nächte.

Die ihr noch hofft auf glücklichere Nächte
und noch von Amor hört und sagt im Reim,
erbittet, daß mir taub nicht sei der Tod,
des Elends Ende und der bitt'ren Klagen.
Er wechsle einmal nur die alte Weise,
die Trauer bringt, doch mich erfüllt mit Freuden.

Er bringt mir Freuden schon in nahen Nächten,
in rauher Weise angsterfüllt im Reim
bitt ich, den Klagen setz' ein End der Tod.

(332)

Ite, rime dolenti, al duro sasso
che 'l mio caro thesoro in terra asconde,
ivi chiamate chi dal ciel risponde,
benché 'l mortal sia in loco oscuro et basso.

Ditele ch'i' son già di viver lasso,
del navigar per queste horribili onde;
ma ricogliendo le sue sparte fronde,
dietro le vo pur cosí passo passo,

sol di lei ragionando viva et morta,
anzi pur viva, et or fatta immortale,
a ciò che 'l mondo la conosca et ame.

Piacciale al mio passar esser accorta,
ch'è presso omai; siami a l'incontro, et quale
ella è nel cielo a sé mi tiri et chiame.

(CCCXXXIII)

Geht, Schmerzensreime, hin zum harten Stein,
der in der Erde birgt mein Glück, mein Leben.
Dort ruft, sie wird vom Himmel Antwort geben,
lieg ihre Hülle auch im dunklen Schrein.

Sagt ihr, wie müde mich die Welt gemacht,
durch wilde Wellen so mein Schiff zu lenken.
Noch hält mich ihres Lorbeers Eingedenken,
doch folgen ihr schon meine Schritte sacht.

Ihr Leben, ihren Tod sing ich allein,
mein Dichten schenkte ihr Unsterblichkeit.
Es soll die Welt sie lieben und erkennen.

Mög, wenn ich scheide, sie mir nahe sein,
sie zu mir kommen, ich bin bald bereit,
mich zu ihr ziehen, meinen Namen nennen.

(333)

Conobbi, quanto il ciel li occhi m'aperse,
quanto studio et Amor m'alzaron l'ali,
cose nove et leggiadre, ma mortali,
che 'n un soggetto ogni stella cosperse:

l'altre tante sí strane et sí diverse
forme altere, celesti et immortali,
perché non furo a l'intellecto eguali,
la mia debile vista non sofferse.

Onde quant'io di lei parlai né scrissi,
ch'or per lodi anzi a Dio preghi mi rende,
fu breve stilla d'infiniti abissi:

ché stilo oltra l'ingegno non si stende;
et per aver uom li occhi nel sol fissi,
tanto si vede men quanto piú splende.

(CCCXXXIX)

So viel mir Sehkraft gab des Himmels Gunst,
so hoch mich trugen Amor und mein Streben,
ließ mich der sterblich-schöne Schein erbeben,
den ihr erschuf der Sterne höchste Kunst.

Ihr wahres, wunderbar erhabnes Sein,
das unter uns den Himmel schon entzückt,
so unvergleichlich meinem Geist entrückt,
ließ meine schwache Sicht nicht zu sich ein.

Was drum die Stimme sang und schrieb die Hand
zu ihrem Lob, die jetzt vor Gott mich nennt,
war nur ein Tropfen, der im Meer verschwand.

Dem Geist entzweit, die Feder nicht erkennt.
Den unverwandten Blicks die Sonne bannt,
blind macht das Licht ihn, das im Auge brennt.

(339)

Spirto felice che sí dolcemente
volgei quelli occhi, piú chiari che 'l sole,
et formavi i sospiri et le parole,
vive ch'anchor mi sonan ne la mente:

già ti vid'io, d'onesto foco ardente,
mover i pie' fra l'erbe et le vïole,
non come donna, ma com'angel sòle,
di quella ch'or m'è piú che mai presente;

la qual tu poi, tornando al tuo fattore,
lasciasti in terra, et quel soave velo
che per alto destin ti venne in sorte.

Nel tuo partir, partí del mondo Amore
et Cortesia, e 'l sol cadde del cielo,
et dolce incominciò farsi la morte.

(CCCLII)

Beglückte Seele, die so süß geregt
das Augenpaar, wie Sonnenstrahlen hell,
der Seufzer und der klaren Worte Quell,
die unauslöschlich noch mein Herz bewegt,

ich sah, wie einst dein reines Feuer hieß,
wo Gras und Veilchen sind, die eine gehen,
nur Engel hat man je so leicht gesehen,
die niemals seither meinen Sinn verließ;

als du zu deinem Schöpfer heimgekehrt,
vom schönen Schleier ihres Leibs getrennt,
den einst ein hohes Los dir gab zu eigen,

da war von edler Lieb die Welt entleert,
die Sonne stürzt' herab vom Firmament,
und süß begann der Tod sich mir zu zeigen.

(352)

Vago augelletto che cantando vai,
over piangendo, il tuo tempo passato,
vedendoti la notte e 'l verno a lato
e 'l dí dopo le spalle e i mesi gai,

se, come i tuoi gravosi affanni sai,
cosí sapessi il mio simile stato,
verresti in grembo a questo sconsolato
a partir seco i dolorosi guai.

I' non so se le parti sarian pari,
ché quella cui tu piangi è forse in vita,
di ch'a me Morte e 'l ciel son tanto avari;

ma la stagione et l'ora men gradita,
col membrar de' dolci anni et de li amari,
a parlar teco con pietà m'invita.

(CCCLIII)

Kleiner Vogel, der du singend ziehst,
klagend vielmehr um verflogne Zeiten,
Winter, dunkle Nacht dich schon begleiten,
wenn den Tag, den Sommer du noch siehst.

Wie dir kund, was dir im Herzen schreit,
könntest du auch, was ich litt, erfahren,
kämst du in den Schoß des Untröstbaren,
teiltest mit ihm alles Weh und Leid.

Wem würde sich die Schale tiefer neigen?
Vielleicht ist Hoffnung noch in deiner Pein?
Mir ließen Tod und Himmel nur ihr Schweigen.

Doch späte Zeit und Stunde lädt mich ein,
wenn in mir süße, bittre Jahre steigen,
mitleidig im Gespräch dir nah zu sein.

(353)

Quel'antiquo mio dolce empio signore
fatto citar dinanzi a la reina
che la parte divina
tien di nostra natura e 'n cima sede,
ivi, com'oro che nel foco affina,
mi rappresento carco di dolore,
di paura et d'orrore,
quasi huom che teme morte et ragion chiede;
e 'ncomincio: – Madonna, il manco piede
giovenetto pos'io nel costui regno,
ond'altro ch'ira et sdegno
non ebbi mai; et tanti et sí diversi
tormenti ivi soffersi,
ch'alfine vinta fu quell'infinita
mia patïentia, e 'n odio ebbi la vita.

Cosí 'l mio tempo infin qui trapassato
è in fiamma e 'n pene: et quante utili honeste
vie sprezzai, quante feste,
per servir questo lusinghier crudele!
Et qual ingegno à sí parole preste,
che stringer possa 'l mio infelice stato,
et le mie d'esto ingrato
tante et sí gravi et sí giuste querele?
O poco mèl, molto aloè con fele!
In quanto amaro à la mia vita avezza
con sua falsa dolcezza,
la qual m'atrasse a l'amorosa schiera!
Che s'i' non m'inganno, era

Der ruchlos-süß mir einst mein Leben stahl,
muß endlich treten vor ihr Angesicht,
die unser höchstes Licht
und Richterin uns ist für jede Tat;
schwer von des Unglücks drückendem Gewicht,
wie Gold geläutert in der Gluten Qual,
vor Angst und Schrecken fahl,
komm ich hinzu und suche Recht und Rat
und spreche: Herrin, jung mein Fuß betrat
das Reich von diesem, der zu meinem Lohn
mir schenkte Zorn und Hohn
und solche unerhörten Qualen dann
für mich allein ersann,
daß endlich mich besiegt sein böses Streben
und leer und müde mich verdroß mein Leben.

So war die Zeit, mit diesem hier verbracht,
ein Höllenfeuer, ach, daß ich vergaß
das Glück, das ich besaß,
dem harten Schmeichler stets zu Dienst bereit.
Wer, hätt er Geisteskraft im Übermaß,
fänd wohl das Wort für meine Unglücksnacht
und für die Übermacht
des Undanks und mein Recht in diesem Streit?
So wenig Honig, so viel Bitterkeit!
Welch böses Gift flößt' er mir heimlich ein
mit seinem falschen Schein,
daß ich verfiel der liebestollen Schar?
Denn er versprach mir gar,

disposto a sollevarmi alto da terra:
e' mi tolse di pace et pose in guerra.

Questi m'à fatto men amare Dio
ch'i' non deveva, et men curar me stesso:
per una donna ò messo
egualmente in non cale ogni pensero.
Di ciò m'è stato consiglier sol esso,
sempr' aguzzando il giovenil desio
a l'empia cote, ond'io
sperai riposo al suo giogo aspro et fero.
Misero, a che quel chiaro ingegno altero,
et l'altre doti a me date dal cielo?
ché vo cangiando 'l pelo,
né cangiar posso l'ostinata voglia:
cosí in tutto mi spoglia
di libertà questo crudel ch'i' accuso,
ch'amaro viver m'à vòlto in dolce uso.

Cercar m'à fatto deserti paesi,
fiere et ladri rapaci, hispidi dumi,
dure genti et costumi,
et ogni error che' pellegrini intrica,
monti, valli, paludi et mari et fiumi,
mille lacciuoli in ogni parte tesi;
e 'l verno in strani mesi,
con pericol presente et con fatica:
né costui né quell'altra mia nemica
ch'i' fuggia, mi lasciavan sol un punto;

ist's Täuschung nicht, vom Boden mich zu heben,
stahl mir den Frieden, um mir Krieg zu geben.

Er machte Gott dem Herzen weniger lieb,
als ihm gebührt, ließ mich mich selbst vergessen,
von einer Frau besessen,
wandt ich an sie allein noch meinen Geist.
Doch blieb er mein Berater unterdessen
und schliff am harten Stein den jungen Trieb,
daß er ihm hörig blieb
und daß er niemals sich dem Joch entreißt.
Ach, was nützt ein Verstand, den jeder preist,
des Himmels reiche Gaben,
wenn andre Farbe schon die Haare haben
und ich nicht ändern kann des Sehnens Qual.
So der mir gänzlich stahl
die Freiheit, gegen den ich vor dir klage.
Zu süßer Frucht macht er mir bittre Plage.

Er trieb mich fort in fernes, wüstes Land,
wo Dornen, Räuber, wilde Tiere drohen,
zu Völkern, harten, rohen,
und zu bedrohenden Unwegsamkeiten,
zu Meeren, Flüssen, Tälern, Bergen, hohen;
wo tausend Hindernisse ausgespannt,
ich Eis im Sommer fand,
in grenzenlosen, schreckensvollen Weiten,
und er und diese, die stets mit mir streiten
und die ich floh, gewähren niemals Rast.

onde, s'i' non son giunto
anzi tempo da morte acerba et dura,
pietà celeste à cura
di mia salute, non questo tiranno
che del mio duol si pasce, et del mio danno.

Poi che suo fui non ebbi hora tranquilla,
né spero aver, et le mie notti il sonno
sbandiro, et piú non ponno
per herbe o per incanti a sé ritrarlo.
Per inganni et per forza è fatto donno
sovra miei spirti; et non sonò poi squilla,
ov'io sia, in qual che villa,
ch'i' non l'udisse. Ei sa che 'l vero parlo:
ché legno vecchio mai non róse tarlo
come questi 'l mio core, in che s'annida,
et di morte lo sfida.
Quinci nascon le lagrime e i martiri,
le parole e i sospiri,
di ch'io mi vo stancando, et forse altrui.
Giudica tu, che me conosci et lui. –

Il mio adversario con agre rampogne
comincia: – O donna, intendi l'altra parte,
che 'l vero, onde si parte
quest'ingrato, dirà senza defecto.
Questi in sua prima età fu dato a l'arte
da vender parolette, anzi menzogne;
né par che si vergogne,

Wenn mich noch nicht erfaßt
der Tod, zur Unzeit hart und ohn Erbarmen,
ist's, weil die Gunst mich Armen
des Himmels rettet, nicht der Böse hier:
zu meinem Unglück treibt ihn die Begier.

Nie hatt' ich Ruhe noch in all den Tagen,
den Schlaf verscheuchten mir die langen Nächte,
nichts, was zurück ihn brächte,
kein Kraut, kein Zauberspruch, noch eh es tagt.
Zum Herren machten ihn die Zaubermächte,
der mich regiert; wenn nachts die Glocken klagen,
wohin ich auch verschlagen,
ich hör es stets, er weiß es, der mich plagt,
kein altes Holz hat je der Wurm zernagt,
wie der mein Herz, der tief darinnen steckt
und es mit Tod erschreckt.
Daraus entspringen Tränen mir und Qual
und Worte ohne Zahl,
die mir, vielleicht auch andern schon zur Last.
Nun sprich, wenn beide du vernommen hast.

Das Wort mein Feind mit bittren Klagen nahm:
– O Herrin, was von dem mir widerfahren,
der fern vom Weg des Wahren,
vernimm, so wie der Wahrheit es gebührt.
Der lernt' die Kunst in seinen frühen Jahren,
die Worte zu verkaufen, Lügenkram,
er hat wohl keine Scham,

tolto da quella noia al mio dilecto,
lamentarsi di me, che puro et netto,
contra 'l desio che spesso il suo mal vòle,
lui tenni, ond'or si dole,
in dolce vita, ch'ei miseria chiama:
salito in qualche fama
solo per me, che 'l suo intellecto alzai
ov'alzato per sé non fôra mai.

Ei sa che 'l grande Atride et l'alto Achille,
et Hanibàl al terren vostro amaro,
et di tutti il piú chiaro
un altro et di vertute et di fortuna,
com'a ciascun le sue stelle ordinaro,
lasciai cader in vil amor d'ancille:
et a costui di mille
donne electe, excellenti, n'elessi una,
qual non si vedrà mai sotto la luna,
benché Lucretia ritornasse a Roma;
et sí dolce ydïoma
le diedi, et un cantar tanto soave,
che penser basso o grave
non poté mai durar dinanzi a lei.
Questi fur con costui li 'nganni mei.

Questo fu il fel, questi li sdegni et l'ire,
piú dolci assai che di null'altra il tutto.
Di bon seme mal frutto
mieto: et tal merito à chi 'ngrato serve.

daß er aus ödem Nichts zum Glück geführt,
mich anklagt, der ich macht', daß unberührt
von Lüsten, die so oft zum Bösen jagen,
er blieb, was soll sein Kagen,
im süßen Leben, das er elend nennt,
und schon den Lorbeer kennt,
dank meiner, der ich seinen Geist erhob,
er selbst verdiente nie sich solches Lob.

Achill und Agamemnon ließ ich fallen
und Hannibal, der euer Land verheert,
und Scipio, hochgeehrt,
an Tugend reich, doch seinem Glück verloren,
wie einem jeden es sein Los beschert,
in der gemeinen Lüste harten Krallen.
Doch ihm hab ich von allen
erwählten Frauen eine auserkoren,
wie nie im Erdenrund sie noch geboren,
käm auch Lucrezia zurück nach Rom,
so zärtliches Idiom,
so süßes Singen schenkt ihr meine Macht,
daß Trübsinn, Niedertracht,
unedle Art vor ihr zu nichts zerging.
Dies war der Trug, den er von mir empfing.

Hier war der Keuschheit strenger, bittrer Hort,
doch süßer als Gewähren ohne Scham.
Aus guter Saat mir kam
verdorbene Frucht, Lohn dem, der Undank hegt.

Sí l'avea sotto l'ali mie condutto,
ch'a donne et cavalier piacea il suo dire;
et sí alto salire
i' 'l feci, che tra' caldi ingegni ferve
il suo nome et de' suoi detti conserve
si fanno con diletto in alcun loco;
ch'or saria forse un roco
mormorador di corti, un huom del vulgo:
i' l'exalto et divulgo,
per quel ch'elli 'mparò ne la mia scola,
et da colei che fu nel mondo sola.

Et per dir a l'extremo il gran servigio,
da mille acti inhonesti l'ò ritratto,
ché mai per alcun pacto
a lui piacer non poteo cosa vile:
giovene schivo et vergognoso in acto
et in penser, poi che fatto era huom ligio
di lei ch'alto vestigio
li 'mpresse al core, et fecel suo simíle.
Quanto à del pellegrino et del gentile,
da lei tene, et da me, di cui si biasma.
Mai nocturno fantasma
d'error non fu sí pien com'ei ver' noi:
ch'è in gratia, da poi
che ne conobbe, a Dio et a la gente.
Di ciò il superbo si lamenta et pente.

So ich ihn unter meine Flügel nahm,
daß allen Edlen wohlgefällt sein Wort,
und zu so hohem Ort
führt ich hinauf ihn, daß, wo Leidenschaft
noch glüht, man ihn und seiner Verse Kraft
verehrt und feiert, da und dort im Land.
Bei Hof ein Querulant
wär er vielleicht, ein hundsgemeiner Tor.
Ich hebe ihn empor,
den meine Schule zwang zu hohem Streben
und sie, die einzig war in diesem Leben.

Ich ließ ihn über sich sich selbst erheben,
hab von unedlen Trieben ihn befreit,
daß er zu keiner Zeit
sich locken ließ zu einem bösen Streich
und gegen niedre Tat und Wort gefeit
sich einzig ihr, der edelsten, ergeben,
die ihn zu höchstem Streben
begeistert so, als sei sein Herz ihr gleich.
Wenn er an Künsten so und Tugend reich,
dankt er es ihr und mir, den er verklagt.
Nie war ein Spukgebild, noch eh es tagt,
so voller Trug wie er mit seiner Kunst,
da er in hoher Gunst,
seit er uns kennt, bei Gott und jedermann –
drum stimmt er gegen uns sein Klaglied an.

Anchor, et questo è quel che tutto avanza,
da volar sopra 'l ciel li avea dat' ali,
per le cose mortali,
che son scala al fattor, chi ben l'estima:
ché, mirando ei ben fiso quante et quali
eran vertuti in quella sua speranza,
d'una in altra sembianza
potea levarsi a l'alta cagion prima;
et ei l'à detto alcuna volta in rima,
or m'à posto in oblio con quella donna
ch'i' li die' per colonna
de la sua frale vita. – A questo un strido
lagrimoso alzo et grido:
– Ben me la die', ma tosto la ritolse. –
Responde: – Io no, ma Chi per sé la volse. –

Alfin ambo conversi al giusto seggio,
i' con tremanti, ei con voci alte et crude,
ciascun per sé conchiude:
– Nobile donna, tua sententia attendo. –
Ella allor sorridendo:
– Piacemi aver vostre questioni udite,
ma piú tempo bisogna a tanta lite. –

(CCCLX)

Noch mehr, ich habe Flügel ihm geschenkt,
zum höchsten Himmel sich emporzuschwingen
von sterblich schönen Dingen,
der Himmelsleiter, uns zu Gott gebaut.
So seine höchste Hoffnung zu erringen,
in ihrer Tugend Anblick tief versenkt,
von Bild zu Bild gelenkt,
hat er den höchsten, ersten Grund erschaut,
auf den er seither seine Verse baut.
Nun stieß er ins Vergessen mich herab
und sie, die ich ihm gab
zu seinem Halt. – Bei diesem schmerzenstoll
schrie ich und jammervoll:
– Der sie mir gab, er brach sogleich sein Wort. –
Drauf er: – Nicht ich, ein andrer nahm sie fort. –

Und schließlich vor dem Stuhl der Richterin,
mit Zittern ich und dieser laut und hart,
schließt jeder seinen Part:
– Nach eurem Spruch seid, Herrin, ihr gefragt. –
Darauf sie lächelnd sagt:
– Ich habe wohl vernommen euren Streit.
Doch zur Entscheidung braucht es lange Zeit. –

(360)

Morte à spento quel sol ch'abagliar suolmi,
e 'n tenebre son gli occhi interi et saldi;
terra è quella ond'io ebbi et freddi et caldi;
spenti son i miei lauri, or querce et olmi:

di ch'io veggio 'l mio ben, et parte duolmi.
Non è chi faccia et paventosi et baldi
i miei penser', né chi li agghiacci et scaldi,
né chi li empia di speme, et di duol colmi.

Fuor di man di colui che punge et molce,
che già fece di me sí lungo stratio,
mi trovo in libertate, amara et dolce;

et al Signor ch'i' adoro et ch'i' ringratio,
che pur col ciglio il ciel governa et folce,
torno stanco di viver, nonché satio.

(CCCLXIII)

Tod nahm das Licht, das mir vor Augen loht,
im Dunkel sind die Augen unversehrt,
Staub ist, die ich in Eis und Glut begehrt,
kein Lorbeer glänzt mir mehr in meiner Not.

Dies ist mir lieb, doch ist der Sinn mir schwer,
nichts machte je ein Herz so bang und kühn,
nichts ließ es so in bittrem Frost erglühn,
macht' es so kummervoll und hoffnungsleer.

Tot, die mein Herz beseelte und entzweit,
daß nach so langen Mühen schier es bricht,
find ich die Freiheit, süße Bitterkeit,

und kehre heim zu meines Herren Licht,
der mit der Braue lenkt die Ewigkeit,
des Lebens müde, satt noch immer nicht.

(363)

Tennemi Amor anni ventuno ardendo,
lieto nel foco, et nel duol pien di speme;
poi che madonna e ’l mio cor seco inseme
saliro al ciel, dieci altri anni piangendo.

Omai son stanco, et mia vita reprendo
di tanto error che di vertute il seme
à quasi spento, et le mie parti extreme,
alto Dio, a te devotamente rendo:

pentito et tristo de’ miei sí spesi anni,
che spender si deveano in miglior uso,
in cercar pace et in fuggir affanni.

Signor che ’n questo carcer m’ài rinchiuso,
tràmene, salvo da li eterni danni,
ch’i’ conosco ’l mio fallo, et non lo scuso.

(CCCLXIV)

Mein Herz stand zwanzig und ein Jahr in Brand,
im Feuer fröhlich, hoffnungsstark im Schmerz,
dann folgt' es seiner Herrin himmelwärts
und zehnmal mir ein Jahr in Tränen schwand.

Jetzt bin ich müd, mich reut mein leeres Leben,
der Tugend Samen hab ich fast vertan,
was mir geblieben nach so langem Wahn,
will, höchster Gott, ich dir in Demut geben,

die Zeit beklagend, die du mir verliehen
und mir zu bess'rem Nutzen zugedacht,
mein Heil zu suchen und die Lust zu fliehen;

der du mich warfst in dieses Kerkers Nacht,
mögst du aus Tod mich und Verdammnis ziehen.
Ach, allzu schuldig hab ich mich gemacht.

(364)

Nachwort

Der Titel, den Petrarca eigenhändig über seine berühmte Gedichtsammlung setzte, lautet: ›*Francisci Petrarche laureati poetae rerum vulgarium fragmenta*‹, ›Fragmente in der Volkssprache von Francesco Petrarca, dem lorbeergekrönten Dichter‹. An diesem Werk arbeitete Petrarca bis zu seinem Tod im Juli 1374, ohne ihm seine letzte Vollendung gegeben zu haben. Der *poeta laureatus* besingt eine schöne Dame mit dem Namen Laura oder Laurea, die stirbt, ohne ihn erhört zu haben. Die Gedichtsammlung umfaßt insgesamt so viele Gedichte, wie das Jahr Tage hat, 365 zuzüglich des Eingangsgedichts. Der erste Teil gilt der fernen, lebenden Laura (»in vita«), die sich seinem Werben versagt, der zweite Teil dem Gedenken an die verstorbene Laura (»in morte«), von der Petrarca in einem Eintrag in seinem Lieblingscodex mit Werken Virgils sagt, daß der Tod sie 1348, im großen europäischen Pestjahr, ereilt habe, genau 21 Jahre nach der ersten schicksalhaften Begegnung 1327 in der Kirche der heiligen Clara in Avignon. War Laura eine Gestalt von Fleisch und Blut oder eine Idealgestalt, dichterischer Phantasie entsprungen, oder sollte sie gar eine emblematische Verkörperung von Petrarcas Liebe zur Dichtung und zum dichterischen Ruhm sein? Die Frage bleibt müßig, denn das Geheimnis der Laura konnte nicht aufgeklärt werden.

Petrarca, der nach einem abgebrochenen Jurastudium

1331 in Avignon in den Dienst des Kardinals Giovanni Colonna trat, war Sekretär, Diplomat, ein lateinischer Schriftsteller von großer Vielseitigkeit, vor allem aber verstand er sich als Dichter. 1341, mit 37 Jahren, ließ er sich in Rom zum Dichter krönen. Ruhm erhoffte er sich zuerst von einem großen Epos in lateinischer Sprache, der ›*Africa*‹, die er dem König von Neapel, Robert von Anjou, widmen wollte, dem er die Dichterkrönung in Rom verdankte. Aber Robert starb 1343, und so fehlte dem Epos für seine Vollendung der unmittelbare Anstoß. Damit beginnt Petrarcas Hinwendung zur lyrischen Dichtung in der Volkssprache und die immer mächtigere Hoffnung, als Dichter Neuland betreten und ein großes Werk aus Bruchstücken eines unablässigen poetischen Inneseins der eigenen Befindlichkeit schaffen zu können.

Petrarcas Gedichtsammlung der ›*Rerum vulgarium fragmenta*‹ wird oft als »Canzoniere«, Liedersammlung, bezeichnet. Doch fehlt ihr das Liedhafte ganz. Bei aller oft großen inneren Musikalität ist ihr doch das Moment der schriftlichen Verfaßtheit wesentlich, die an den aufmerksamen Leser gerichtet ist, der die Stimme des lyrischen Ich anders vernimmt, als wenn sie sich im Gesang ausströmte. Immer wieder ist der Akt des Schreibens selbst Gegenstand des Gedichts. Wie der neu entdeckte Catull und besonders Horaz will Petrarca die »fragments d'un discours amoureux« (R. Barthes), die Fragmente eines unablässig fortgehenden, nie auf Erfolg hoffenden Liebesdiskurses, zu einem in sich gefügten, komponierten Buch von »wiederholten Spiegelungen« (Goethe) vereinen. Aber auch jedes einzelne Gedicht ist eine Komposition, in der strenge formale Ordnung, Folgerichtigkeit des gedanklichen Aufbaus und Dynamik einer seelischen Erregung sich wechselseitig steigern.

Grundton des Petrarcaschen Gedichts ist eine aus der Intensität des Empfindens, der Trauer, der Hoffnung, dem Schmerz des Mangels und dem Glück des Eingedenkens hervorgehende Nachdenklichkeit, die Petrarca selbst *pensare* nennt. Kaum ein Gedicht, dem dieses Kennwort fehlt. Aber die Poesie der Nachdenklichkeit findet bei Petrarca vielfältige poetische Gestalt. Im ersten Gedicht an den Leser, der doch als ein Hörender imaginiert wird – »Ihr, die ihr in verstreuten Versen hört« –, spricht Petrarca von dem »vario stile in ch'io piango et ragiono«, dem »unterschiedlichen Stil, in dem ich weine und denke«. Konkret meint dies die unterschiedlichen poetischen Formen, aus denen sich das Ganze dieses *liber fragmentorum*, dieses Buchs der Fragmente, zusammensetzt: Sonett und Canzone, Sestine, Madrigal und Ballade.

Im Sonett, der Form, die durch Petrarca zu einer Grundform europäischer Dichtung wurde, erscheint das *pensare* als ein schmerzhaft-hellsichtiges Innesein, in dem die aus einem entzweiten Ich hervorgehende Form des entzweiten Denkens ihre intensivste Gestalt findet. Die Canzone, für Dante schon die höchste unter allen poetischen Formen, gibt der Dynamik des Denkens in der Bewegung »di pensier in pensier«, von Gedanken zu Gedanken, einen weiteren Spielraum. Die Canzonen 125 bis 129, in denen Petrarca gleichsam eine ganze Poetik der Canzone entwirft und das ganze Feld ihrer Möglichkeiten ausschreitet (sie sind in der vorliegenden Auswahl vollständig übersetzt), sind im Innern des Buchs eine poetisch-architektonische Fügung, in der Petrarca zu den höchsten Möglichkeiten seines neuen Dichtens vordringt. Aber auch die Canzonen 23 (»Nel dolce tempo«) und 264 (»I' vo pensando«) sind Zeugnis einer poetischen Rede, die den Raum des Darstellbaren unabsehbar erweitert hat. In seiner (hier nicht vorgestellten) Canzonencanzone 70, in der jede Strophe mit dem zitierten Anfang einer der kanonischen Canzonendichtungen seit dem Provenzalen Arnaut Daniel endet, der schon für Dante die große Autorität der provenzalischen Dichtung gewesen war, schließt Petrarca mit dem Anfang seiner Canzone 23, die damit auf kanonische Geltung Anspruch erhebt. Dem heutigen Leser, der die Kurzform als eigentliche Form des Lyrischen begreift, könnte die Canzone weniger zugänglich erscheinen als das Sonett. Tatsächlich aber erschließt gerade der Canzonendichter Petrarca eine Fülle neuer poetischer Themen und Tonlagen.

Zur Canzone tritt die Sestine mit der Inständigkeit ihrer in permutierter Ordnung wiederkehrenden identischen Reimwörter. Die Gedanklichkeit der Canzone wird hier zum schwermütigen Melos einer obsessiven Trauerarbeit. Dagegen sind Madrigal und Ballade, *ballata*, leichtfüßigere Intermezzi, die an die Stelle poetischer Gedanken- und Trauerarbeit die spielerische Pointe oder die flüchtige Erscheinung einer heiteren Sinnlichkeit setzen.

Petrarcas *pensare*, das in ganz unterschiedlichen poetischen Formen zu seiner Ausdrücklichkeit kommt, erfaßt nicht nur die reflektierende Gedanklichkeit des unglücklich Liebenden, sondern jede Form des Inneseins zwischen Weltabsage und Weltverfallenheit, vor allem aber die vielfältigen Weisen des Eingedenkens an die unverhofft erscheinende, stumm mit einladender oder abweisender Geste vorübergehende geliebte Dame, aber auch die Orte, die zum unvergeßlichen Schauplatz ihres Erscheinens werden. Petrarca hat als erster die bewegte Landschaft für die Liebesdichtung erschlossen. Wenn sich mit ihr einerseits das Erscheinen der Geliebten verknüpft, so ist sie andererseits der Raum des sich einsam (»solo et pensoso«) ergehenden Ich, das seine innere Bewegung in die erscheinende Landschaft projiziert und sie so zum Raum imaginärer Anwesenheit macht. Erstmals ist bei Petrarca die Landschaft ein Projektionsraum für die erregte, auf sich selbst zurückgeworfene Seele.

Inmitten der Laura-Gedichte steht die Canzone »Italia mia«, ein leidenschaftlicher Aufruf an die Mächtigen Italiens und vor allem Norditaliens, ihren ewigen Kämpfen zu entsagen und sich auf die gemeinsame große Vergangenheit zu besinnen. Petrarcas Wechsel vom Lateinischen zur Volkssprache ist nicht ohne politische Absicht. Er will dem neuen, erst noch zu verwirklichenden Italien ein großes sprachliches Denkmal errichten.

Die hier vorgelegte Auswahl aus Petrarcas volkssprachigen Gedichten sucht vom Ganzen der *›Rerum vulgarium fragmenta‹* eine Vorstellung zu geben. Doch folgt sie zugleich einem ganz subjektiven Kriterium. Ich habe übersetzt, was sich mir bei der Lektüre so festsetzte, daß es mich verlockte, ihm in der eigenen Sprache zu antworten. Manches von Petrarcas Dichtung steht so fest in seiner eigenen Sprache und in seiner eigenen Zeit, daß es sich nicht herauslockern ließ. Die ewig abwesende Laura wird imaginär gegenwärtig in den einsamen Landschaften, die das liebende Ich durchwandert. Aber sie ist auch präsent in der Sprachmaterie des Gedichts, wo in Paronomasie und Anagramm unablässig der Name Laura mit seinen Assoziationen lesbar ist. An Laura erinnern *aura* (Windhauch), *oro* (Gold), *ora* (jetzt), *allora* (dann), *alloro* (Lorbeer) und die unzähligen Wörter, in denen diese Lautkombinationen unmittelbar oder in Anklängen und Variationen vernehmbar sind. Hier muß der Übersetzer die Waffen strecken. Andererseits schien die poetische Konkretheit von Rhythmus, Reim und Syntax so wesentlich, daß die Übersetzung ihnen zumindest prinzipiell entsprechen sollte. Übersetzen in gebundener Rede verlangt ein geduldiges Spiel mit den konkreten Gegebenheiten der eigenen Sprache. Sie entrinnt nicht der Gefahr, daß die formalen Zwänge auch sprachliche Totgeburten hervorbringen. Aber was ist ein Sonett oder eine Canzone, wenn sein in Formen geordnetes Wechselspiel von Klang und Sinn gänzlich preisgegeben wird? Ein Sonett, dem die formale und das heißt auch gedankliche und emotive Struktur fehlt, kann bei aller Geschmeidigkeit der Prosatransposition immer nur die Inhaltsangabe eines Sonetts sein. Die Beachtung der formalen Gesetze des Gedichts sollte freilich nicht zu einer Überforderung der Möglichkeiten der eigenen Sprache führen. Der Vokalreichtum des Italienischen macht die Wiederkehr derselben Reime von Strophe zu Strophe zu einer fast mühelos lösbaren Aufgabe. Die genaue Entsprechung im Deutschen müßte hier zu virtuosen Lösungen auf Kosten der poetischen Genauigkeit führen. Der Überschwang der lyrischen Intensität ist bei Petrarca gebunden an eine rationale Sprache von schöner, bewegter Durchsichtigkeit. Poetische Überanstrengung aus Reimnot müßte diesen Ton verfehlen. Dasselbe gilt für die Form des Reims. Da fast alle italienischen Wörter vokalisch enden, sind italienische Reime in falscher Übertragung einer deutschen Terminologie durchgehend »weiblich«. Sich dem in der deutschen Übersetzung fügen zu wollen ergäbe leeren, poesielosen Klingklang.

Mit Petrarcas ›*Rerum vulgarium fragmenta*‹ beginnt die große Tradition neuzeitlicher europäischer Lyrik aus dem Geist einer komplizierten, gebrochenen Subjektivität. Die Rezeption des 16. Jahrhunderts im Zeichen des Petrarkismus hat überall in Europa der neuen Dichtung die Zunge gelöst. Erst der Petrarkismus hat auch die lyrische Dichtung als eine eigenständige poetische Gattungstradition neben Epos und Drama theoriefähig gemacht. Seither hat die poetische Auslotung der Erfahrungswelt des sich selbst reflektierenden Subjekts immer neue Sprachen und Bilder hervorgebracht. Von der Frische und Lebendigkeit dieses Ursprungs neuzeitlicher Lyrik, den es immer neu wiederzuentdecken gilt, wollen die hier vorgelegten Übersetzungen von Petrarcas Dichtung im Zeichen der Laura zumindest annäherungsweise eine Vorstellung geben.

Verzeichnis der italienischen Gedichtanfänge

Verzeichnis der deutschen Gedichtanfänge

2003 erschien im C. Hanser Verlag, München
der folgende Band:
Karlheinz Stierle, ›Francesco Petrarca.
Ein Intellektueller im Europa des 14. Jahrhunderts.‹

»... ein neues, unentbehrliches Petrarca-Buch.«
Kurt Flasch in ›FAZ‹

Geschenke für Liebhaber der Poesie – im kleinen Format

»Gedichte sind gemalte Fensterscheiben!«
Goethe

Rainer Maria Rilke
Dies Alles von mir
Hg. v. F.-H. Hackel
ISBN 3-423-**12837**-2

Klabund
Das Leben lebt
Hg. v. J. Kiermeier-Debre
ISBN 3-423-**20641**-1

Francesco Petrarca
Ich bin im Sommer Eis, im Winter Feuer
Zweisprachige Ausgabe
Hg. u. übers. v.
Karlheinz Stierle
ISBN 3-423-**20717**-5

Friedrich Nietzsche
Heiterkeit, güldene
Hg. v. Johann Prossliner
ISBN 3-423-**20672**-1

Hugo von Hofmannsthal
Die scheue Schönheit kleiner Dinge
Hg. v. Dorothea Tetzeli von Rosador
ISBN 3-423-**20716**-7

Eduard Mörike
Horch, von fern ein leiser Harfenton
Hg. v. Dietmar Jaegle
ISBN 3-423-**20730**-2

Bitte besuchen Sie uns im Internet: www.dtv.de